DIREITOS HUMANOS EM TEMPOS DE PANDEMIA DE CORONAVÍRUS

Dados Internacionais de Catalogação na Publicação (CIP)
(Câmara Brasileira do Livro, SP, Brasil)

Direitos humanos em tempos de pandemia de coronavírus / organização Maria Betânia do Nascimento Santiago , Ana Maria de Barros. — 1. ed. — São Paulo : Cortez Editora : UFPE, Capes, 2020.

ISBN 978-65-5555-050-4

1. Ciência política 2. COVID-19 - Pandemia 3. Direitos humanos - Aspectos políticos 4. Mulheres - Aspectos sociais 5. Racismo I. Santiago, Maria Betânia do Nascimento. II. Barros, Ana Maria de.

20-52763   CDD-323.0981

Índices para catálogo sistemático:
1. Direitos humanos : Brasil : Ciência política 323.0981

Aline Graziele Benitez - Bibliotecária - CRB-1/3129

Maria Betânia do Nascimento Santiago
Ana Maria de Barros (orgs.)

DIREITOS HUMANOS EM TEMPOS DE PANDEMIA DE CORONAVÍRUS

São Paulo – SP

2020

DIREITOS HUMANOS EM TEMPOS DE PANDEMIA DE CORONAVÍRUS
Maria Betânia do Nascimento Santiago | Ana Maria de Barros (Orgs.)

Capa: aeroestúdio
Preparação de originais: Jaci Dantas
Revisão: Patrizia Zagni
Diagramação: Fernando Laino | Linea Editora
Coordenação editorial: Danilo A. Q. Morales
Editora-assistente: Priscila F. Augusto

Obra aprovada no Edital PPGDH nº 1/2020, de Auxílio Financeiro à Publicação de Coletânea de Livros dos docentes do Programa de Pós-graduação em Direitos Humanos da Universidade Federal de Pernambuco. O trabalho foi realizado com apoio da Coordenação de Aperfeiçoamento Pessoal de Nível Superior — Brasil (CAPES) — código de financiamento 001.

Nenhuma parte desta obra pode ser reproduzida ou duplicada sem autorização expressa das organizadoras e do editor.

© 2020 by Organizadoras

Direitos para esta edição
CORTEZ EDITORA
R. Monte Alegre, 1074 — Perdizes
05014-001 — São Paulo-SP
Tel.: +55 11 3864 0111
cortez@cortezeditora.com.br
www.cortezeditora.com.br

Impresso no Brasil — janeiro de 2021

Sumário

APRESENTAÇÃO.. 9
    Maria Betânia do Nascimento Santiago
    Ana Maria de Barros

1. Pandemia e racismo (institucional) à brasileira................... 15
    Aristeu Portela Jr.

2. Formação policial e a salvaguarda da vida: reflexões a respeito da cultura policial e dos Direitos Humanos em tempos de pandemia... 33
    Maria José de Matos Luna
    Márcio Roberto Cavalcanti da Silva

3. O pum do palhaço: política cultural no Brasil frente à pandemia de covid-19... 49
    Elton Bruno Soares de Siqueira
    Raissy Kelly da Silva Morais

4. O relatório da Conferência Internacional sobre População e Desenvolvimento (Cairo, 1994) e a covid-19 67

Jayme Benvenuto Lima Júnior
Alex Bruno Feitoza Magalhães
Bruna Virginia Andrade de Almeida Arruda

5. Mulheres em confinamento: reflexões acerca das assimetrias de gênero ante a pandemia de covid-19........... 85

Soraya Barreto Januário
Déborah d'Assumpção Torres Marchesin

6. Direitos Humanos e proteção animal em tempos de pandemia de coronavírus... 103

Ana Maria de Barros
Elizabete Cristina Rabelo de Araújo

7. A justiça restaurativa e o direito em tempos de pandemia: o humanismo em terrenos de desigualdades ... 121

Artur Stamford da Silva
Karina B. de Oliveira Duarte
Marcela Mariz

8. Violência doméstica e familiar: os impactos da pandemia da covid-19 na vida das mulheres........................ 145

Lucas Alencar Pinto
Laura Tereza Nogueira Mariano
Ângela Maria Monteiro da Motta Pires

DIREITOS HUMANOS EM TEMPOS DE PANDEMIA DE CORONAVÍRUS

9. Coronavírus, direito à vida, direitos sexuais e reprodutivos: da assistência precária ao colapso, aonde chegaremos? 161

Patrícia do Amaral Gonçalves Oliveira
Maria Betânia do Nascimento Santiago

10. "Somos perseguidas (…) e não podemos ter nossos filhos na paz": análise de um caso de violência obstétrica institucional durante o período da pandemia 177

Gabriel Carlos da Silva Carneiro Maranhão
Kelly Mendes de Alcântara
Priscilla Viégas Barreto de Oliveira
Venceslau Tavares Costa Filho

11. "Máscara é coisa de viado": retóricas LGBTfóbicas e discurso de ódio em tempos de pandemia de coronavírus 195

Leo Mozdzenski
Maria Virgínia Leal

SOBRE OS(AS) AUTORES(AS) 217

Apresentação

> *"Pensar é, pois, criar novos modos a partir dos quais apresentar publicamente nossas diferenças, distinções e sínteses disjuntivas a respeito da ordem hegemônica que nos é proposta como situações alheias a nossa capacidade universal de transformação das condições de existência"* (Herrera Flores)[1].

A pandemia da covid-19 revelou uma realidade marcada por tensões políticas e culturais, desigualdade econômica e grave quadro de injustiça social, que se acirrou nesse cenário, e tende a fragilizar aqueles e aquelas que se encontram em condições de maior vulnerabilidade, de exclusão de garantias mínimas à sua humanidade. Pensar os *Direitos Humanos* nesse contexto constitui-se em um grande desafio e implica em assumir um exercício teórico comprometido com essa realidade, que expresse a nossa disposição de crítica, de afirmação da *diferença*, no reconhecimento de outras possibilidades de ser em um mundo no qual a dignidade humana não seja violada.

Tal atitude envolve caminhos que, buscando ir além da denúncia, sejam mediados e/ou conduza a uma ação efetiva, como forma de reação a uma realidade que desumaniza o *outro*. Pressupõe

---

1. HERRERA FLORES, Joaquín. *Los derechos humanos como productos culturales:* crítica del humanismo abstracto. Madrid: Libros de la Catarata, 2005, p. 41.

compreender os *Direitos Humanos* a partir de outras chaves de leitura, que nos convidem a pensá-los segundo o ponto de vista desse *outro*, assumindo de uma teoria realista e crítica dos direitos humanos, como preconizou Herrera Flores.

Esse compromisso orienta a presente obra, que busca refletir sobre diferentes questões que ganharam relevância para a sociedade brasileira nesse contexto. Aspectos que envolvem a realidade política, econômica, social e cultural, delineiam os desafios que se apresentam a prática social no campo dos direitos humanos, descortinando problemas como a situação de vulnerabilidade e as diferentes formas de violência às quais se encontram submetidas mulheres, negros, comunidades lgbtqi+, assim como os animais, o "completamente outro", no dizer de J. Derrida, que também sofrem violência e clamam por proteção e reconhecimento.

Essas questões compõem o horizonte de teorizações do presente dossiê, que oferece um panorama de problemas que se evidenciaram com maior força e que são também objetos de estudo de pesquisadores/as do Programa de Pós-graduação em Direitos Humanos da UFPE (PPGDH). Os trabalhos resultam desses estudos e parte deles constituíram o Web-seminário *"Direitos Humanos em tempos de Pandemia de Coronavírus"*, promovido pelo PPGDH, nos dias 17 e 18 de junho de 2020, e dá título à obra. Ele conta ainda com outras contribuições também voltadas à temática dos direitos humanos no cenário da covid-19. Assim, a disposição dos artigos acompanha a ordem de apresentação do Web-seminário, seguida das outras contribuições. Destacamos a seguir elementos que caracterizam essas produções, a partir do que foi anunciado pelos seus autores.

No primeiro ensaio, *Pandemia e racismo (institucional) à brasileira*, Aristeu Portela Jr. demarca conceitualmente os dilemas que envolvem a atuação das instituições políticas brasileiras frente às demandas da população negra no atual contexto de pandemia da covid-19. A partir das noções de "racismo à brasileira", "racismo institucional" e "necropolítica", o autor reflete sobre o caráter negacionista do racismo no Brasil, que contribui para reforçar as desigualdades raciais historicamente arraigadas, obstaculizando o combate à pandemia por parte dessa parcela da população, e facilitando as condições sociais que contribuem tanto para a sua morte, como para que essa morte não seja tratada como um problema estrutural da sociedade brasileira.

O trabalho *Formação policial e salvaguarda da vida: reflexões a respeito da cultura policial e dos Direitos Humanos em tempos de pandemia*, de Maria José de M. Luna e Márcio Roberto C. da Silva, colocam em discussão em que medida a "cultura policial", representada pelo contracurrículo nas academias de polícia, é um obstáculo para uma formação com respeito aos Direitos Humanos e avaliam caminhos para uma mudança pautada na humanização do policial.

O estudo *O pum do palhaço: política cultural no Brasil frente à pandemia de covid-19*, de Elton Bruno Soares de Siqueira e Raissy Kelly da S. Morais, apresenta uma análise do discurso da ex-secretária especial de Cultura do Governo Federal, Regina Duarte, na entrevista concedida à CNN Brasil em maio de 2020. O caminho da análise crítica do discurso da linha anglo-saxã permite expor o descompromisso e o descaso do atual governo brasileiro com a formulação e a efetivação de políticas públicas culturais, fato que se agravou no contexto da pandemia de covid-19.

O trabalho *O relatório da Conferência Internacional sobre População e Desenvolvimento (Cairo, 1994) e a covid-19*, de Jayme Benvenuto Lima Júnior, Alex Bruno F. Magalhães e Bruna Virginia Andrade de A. Arruda, destaca a centralidade da atuação de mecanismos internacionais para a salvaguarda dos direitos humanos no debate mundial diante da pandemia da covid-19. Os diferentes problemas que marcam a realidade mundial, sobretudo nos países em desenvolvimento, e sua relação com essa grave questão sanitária, demonstram a atualidade das recomendações constantes do Relatório da Conferência Internacional sobre População e Desenvolvimento, realizada pela ONU, no Cairo, em 1994.

No texto *Mulheres em confinamento: reflexões acerca das assimetrias de gênero ante a pandemia de covid-19*, Soraya Barreto Januário e Déborah d'Assumpção Torres Marchesin demarcam como o cenário da crise provocada pela pandemia da covid-19 deu ênfase a questões acerca das assimetrias de gênero socialmente enraizadas. Com a necessidade do confinamento e isolamento social, o debate em torno da divisão sexual do trabalho, o cuidado e a violência de gênero sugerem novos e velhos contornos na vivência das mulheres no ambiente doméstico.

O estudo *Direitos Humanos e proteção animal em tempos de pandemia de coronavírus,* de Ana Maria de Barros e Elizabete Cristina Rabelo de Araújo, discute a problemática da proteção animal e paradigmas que mobilizam a ciência a inserir essa questão no âmbito dos direitos humanos. As pesquisadoras e militantes de movimentos de proteção animal do Agreste de Pernambuco dão visibilidade à temática, destacando o papel dos novos movimentos sociais, do princípio da solidariedade e da empatia na difusão de novos valores, no reconhecimento de que vidas humanas e não humanas estão interligadas e que a sobrevivência do planeta e de todas as espécies dependem da superação da visão antropocêntrica e utilitarista em relação à natureza.

No trabalho *A Justiça Restaurativa e o Direito em tempos de pandemia: o humanismo em terrenos de desigualdades,* Artur Stamford da Silva, Karina B. de Oliveira Duarte e Marcela Mariz destacam os limites do humanismo penal, que não foi capaz de afastar do direito a perspectiva de vingança, ante a constatação da criminalização e o encarceramento em massa, e com isso instrumentalizando a desigualdade social. Os autores apresentam a Justiça Restaurativa como via para lidar com essa problemática, sem vê-la como substituta do direito estatal, mas como possibilidade que vítima e ofensor sejam tratados como protagonistas do processo de construção da solução e reparação do caso.

O trabalho *Violência doméstica e familiar: os impactos da pandemia da covid-19 na vida das mulheres,* de Lucas Alencar Pinto, Laura Tereza N. Mariano e Ângela Maria Monteiro da M. Pires aborda a escalada de casos de violência contra a mulher no contexto do isolamento social decorrente da pandemia de covid-19. Enfoca a condição de gênero como categoria de análise central na compreensão deste fenômeno a partir dos estudos da socióloga H. Saffioti, segundo os quais a cultura patriarcal normatiza o comportamento humano, sendo o principal fator de reprodução dessa violência.

O estudo *Coronavírus, direito à vida, direitos sexuais e reprodutivos: da assistência precária ao colapso, onde chegaremos?*, de Patrícia do Amaral G. Oliveira e Maria Betânia do N. Santiago, avalia os impactos da pandemia de coronavírus na assistência perinatal e destaca como esse contexto revela a deficiente assistência à saúde das mulheres brasileiras, que parece se refletir no alto índice de mortalidade materna por covid-19 no Brasil. Aponta para a urgente revisão dessa estrutura para que sejam garantidos os direitos à vida, sexual e reprodutivo das mulheres, como direitos humanos fundamentais, assim como o papel central das parteiras tradicionais, cuja atuação nas comunidades revela o potencial dessa contribuição para o sistema de saúde nesse cenário pandêmico.

O trabalho *"Somos perseguidas (...) e não podemos ter nossos filhos na paz": análise de um caso de violência obstétrica institucional durante o período da pandemia,* de Venceslau Tavares Costa Filho, Gabriel Carlos da S. C. Maranhão, Kelly Mendes de Alcântara e Priscilla Viégas B. de Oliveira consiste na análise de caso de violência obstétrica cometida pelo Estado de Pernambuco durante o período da pandemia do coronavírus. A partir do conceito de violência obstétrica, em suas diversas modalidades, os autores abordam a necessidade da adoção da perspectiva de gênero para o julgamento, mas não apenas de casos como este, advogando pela autonomia da mulher no processo de parto e nascimento.

O trabalho *"Máscara é coisa de viado": retóricas lgbtfóbicas e discurso de ódio em tempos de pandemia de coronavírus,* de Leo Mozdzenski e Maria Virgínia Leal expõe e problematiza dois significativos episódios ocorridos no país em plena ebulição da covid-19. O primeiro diz respeito a uma "piada" homofóbica feita pelo presidente da República acerca do uso das máscaras de proteção facial contra o coronavírus; o segundo se refere ao discurso de ódio transfóbico resultante da polêmica suscitada por uma publicidade do Dia dos Pais. O estudo mobiliza-se na investigação de princípios e procedimentos analíticos dos estudos retórico-discursivos, articulando-se em especial as noções retóricas de *ethos* e *pathos*.

Maria Betânia do Nascimento Santiago e Ana Maria de Barros

1
Pandemia e racismo (institucional) à brasileira[1]

Aristeu Portela Jr.

Introdução

Em uma famosa entrevista, o eminente antropólogo Kabengele Munanga assim se referiu ao racismo no Brasil:

> O brasileiro [sic] nunca vai aceitar que é preconceituoso. Foi educado para não aceitar isso. Como se diz, na casa de enforcado não se fala de corda. [...] Como você vai combater isso? Muitas vezes o brasileiro chega a dizer ao negro que reage: "você que é complexado, o problema está na sua cabeça". Ele rejeita a culpa e coloca na própria vítima. Já ouviu falar de crime perfeito? Nosso racismo é um crime perfeito, porque a

---

1. Uma versão preliminar deste ensaio foi apresentada na Webconferência "Direitos Humanos em tempos de pandemia de coronavírus", promovida pelo Programa de Pós-Graduação em Direitos Humanos da Universidade Federal de Pernambuco, nos dias 17 e 18 de junho de 2020.

própria vítima é que é responsável pelo seu racismo, quem comentou não tem nenhum problema[2].

Esse "crime perfeito" é um padrão de comportamento bastante característico das relações raciais no Brasil. Algumas vezes ele é referido como "racismo mascarado", a partir do clássico livro de Abdias Nascimento (2016); ou como "racismo ambíguo", de acordo com Nilma Lino Gomes (2005); ou como "um tipo particular de racismo, um racismo silencioso", conforme Lilia Schwarcz (2012). O próprio Kabengele Munanga o caracteriza, peculiar e significativamente, como "racismo à brasileira", chamando atenção para seu caráter difuso, não institucionalizado, e, sobretudo, enquanto aspecto central, para o não reconhecimento da sua própria existência. Como diz o autor: "o Brasil criou seu racismo com base na negação do mesmo" (Munanga, 2006, p. 43).

É evidente que esse não reconhecimento da existência do racismo no Brasil raramente se dá de modo direto e explícito. Ele pode assumir a forma da difundida subsunção da questão racial à questão de classe — "Para muitos, ainda, o Brasil não é um país preconceituoso e racista, sendo a discriminação sofrida por negros e não brancos, em geral, apenas uma questão econômica ou de classe social, sem ligação com os mitos de superioridade e inferioridade raciais" (Munanga, 2017, p. 34); ou pelo destaque ao seu caráter não oficializado, isto é, pela inexistência de elementos jurídico-legais que incorporam explicitamente "princípios racialistas de pureza de sangue, de superioridade ou de inferioridade raciais"[3].

---

2. RAMOS, Camila Souza; FARIA, Glauco. Nosso racismo é um crime perfeito. Entrevista com Kabengele Munanga. *Revista Fórum*, 09 de fevereiro de 2012. Disponível em: https://revistaforum.com.br/revista/77/nosso-racismo-e-um-crime-perfeito/. Acesso em: 14 ago. 2020.

3. Em nossa pesquisa acerca dos debates em torno das políticas de ação afirmativa com recorte racial no ensino superior brasileiro, verificamos uma espécie de "reconhecimento condicionado" do racismo por parte de alguns críticos de tais políticas — "condicionado" porque, embora não negue explicitamente a existência do racismo no Brasil, sempre minimiza sua extensão ou intensidade (cf. Portela Jr., 2018).

É essa, segundo Munanga (2017, p. 37), a verdadeira "ambiguidade da expressão do racismo na sociedade brasileira":

> É sim e não. Mas o sim não é totalmente afirmativo, pois é sempre acompanhado de "mas, porém, veja bem" etc. O não também é sempre acompanhado de justificativas escapatórias. Mesmo pego em flagrante comportamento de discriminação, o brasileiro [sic] sempre encontra um jeito de escapar, às vezes depositando a culpa na própria pessoa segregada, considerando-a complexada.

Deixemos em aberto, por ora, a questão de como se conforma historicamente esse padrão particular de racismo. Nosso objetivo, neste breve ensaio, é partir desse caráter "negacionista" do racismo à brasileira para discutir algumas chaves conceituais bastante profícuas para a compreensão dos dilemas envolvidos na atuação do Estado brasileiro frente às demandas da população negra no atual contexto de pandemia da covid-19. Trata-se de uma aposta de leitura que dialoga com o modo como os próprios movimentos e organizações negros e negras estão interpretando e enfrentando o difícil cenário que o Brasil atravessa nesses dias.

Tomemos, como deixa inicial de nossa discussão (e sem pretensão alguma de esgotar as suas possibilidades de interpretação), o posicionamento de uma instância representativa de uma parcela da população brasileira dramaticamente afetada pela atual pandemia: as populações quilombolas. Especificamente, detenhamo-nos no "Observatório da covid-19 nos quilombos", uma iniciativa de parceria entre a Coordenação Nacional de Articulação das Comunidades Negras Rurais Quilombolas (Conaq) e o Instituto Socioambiental.

No endereço eletrônico do Observatório[4], são disponibilizadas notícias e dados referentes à situação da pandemia em quilombos ao longo de todo o território nacional. Dados que advêm ou do

---

4. Disponível em: https://quilombosemcovid19.org/.

monitoramento autônomo desenvolvido pela Conaq junto aos territórios em que atua, ou das Secretarias Estaduais de Saúde. A entidade tem, ainda, publicado semanalmente um Boletim Epidemiológico sobre a situação desses territórios diante da pandemia, mostrando como os casos de contaminação e morte por covid-19 nas comunidades vêm crescendo sistematicamente.

Assim começa o texto de apresentação, na página inicial do Observatório:

A invisibilidade da doença em territórios quilombolas revela uma situação dramática, que não tem recebido a atenção devida das autoridades públicas e dos meios de comunicação dominantes. Dados da transmissão da doença em territórios quilombolas são subnotificados, pois muitas secretarias municipais deixam de informar quando a transmissão da doença e a morte ocorrem entre pessoas quilombolas. Tanto as secretarias de saúde como o próprio Ministério da Saúde têm negligenciado uma atenção específica em relação às comunidades negras. Parte do problema é a ausência de dados epidemiológicos para populações quilombolas. Além da grande subnotificação de casos, situações de dificuldades no acesso a exames e denegação de exames a pessoas com sintomas têm sido relatadas pelas pessoas dos quilombos.

E prossegue, numa seção intitulada "Desafios da saúde quilombola":

Devido à falência estrutural de sucessivos governos e dinâmicas de racismo institucional, os quilombos não contam com um sistema de saúde estruturado, ao contrário, os relatos da maior parte dos quilombos é de frágil assistência e da necessidade de peregrinação até centros de saúde melhor estruturados. As condições de acesso à água em muitos territórios é motivo de preocupação, pois também dificulta as condições de higiene necessárias para evitar a propagação do vírus. Essa situação tende a se agravar exponencialmente com as consequências sociais e econômicas da crise da covid-19 na vida das famílias quilombolas.

Outra dificuldade relatada em diferentes quilombos é com relação ao acesso à renda básica emergencial, especialmente no que toca à acessibilidade dos procedimentos de cadastramento via aplicativo e falta de ações dos governos estaduais e municipais no sentido de atender demandas emergenciais dos quilombos. É perceptível a paralisia dos governantes que assistem ao caos nos quilombos e acabam por reforçar discursos vazios do governo federal, que até o momento não fez chegar amparos emergenciais e medidas de proteção mais efetivas aos quilombos em todo o Brasil. Diante das mortes já registradas e da gravidade do cenário, a Conaq exige que o governo e a sociedade brasileira se posicionem e tomem medidas em defesa da vida das famílias quilombolas.

Não cairemos na invisibilidade e não aceitaremos o esquecimento.

Vidas quilombolas importam!

Observemos, nesse breve texto, a percepção de uma trama que conecta as dificuldades enfrentadas pelas famílias quilombolas diante da pandemia — a ausência ou subnotificação dos dados de contaminação da doença, o que gera uma invisibilidade oficial; os problemas no acesso a exames, a um sistema de saúde estruturado e próximo ao território, à água necessária para as práticas de higienização, à renda básica emergencial. O fio que conecta esses problemas aparentemente dispersos está sintetizado no texto do "Observatório da covid-19 nos quilombos" na expressão "racismo institucional".

O uso dessa expressão é bastante significativo para a nossa discussão. Porque vai de encontro à perspectiva mais disseminada e costumeira (na mídia, no senso comum...) de compreender o racismo no Brasil, que o limita à manifestação, por parte de indivíduos, de *ideias preconceituosas* e de *atitudes discriminatórias* com relação a pessoas negras. Uma concepção do racismo que Silvio Almeida (2018, p. 28) chamou de "individualista", que o entende como uma espécie de "patologia" ou "irracionalidade", de natureza psicológica, e que poderia ser combatida no campo jurídico por meio da aplicação de sanções civis ou penais.

É evidente que as ideias preconceituosas e os atos discriminatórios são partes essenciais do modo como o racismo se manifesta nas relações interpessoais. No entanto, restringi-lo a uma dimensão individualizante seria desconsiderar os aprendizados legados pelos movimentos, organizações e intelectuais negros e negras desde as primeiras décadas do século XX (Pereira, 2013): que a forma como as pessoas são racialmente reconhecidas na sociedade tem impactos — negativos, para as pessoas negras; positivos, para as brancas — nas suas possibilidades de acesso a direitos e inserção social.

Ou, em outras palavras — e recorro aqui à linguagem das pesquisas sociológicas que, desde a década de 1970, vêm produzindo reflexões em torno das desigualdades raciais no Brasil (cf. Barreto; Lima *et al.*, 2017, p. 121-127; Portela Jr., 2018, p. 279-298) —, seria desconsiderar que a raça é um "critério eficaz dentre os mecanismos que regulam o preenchimento de posições na estrutura de classes e no sistema de estratificação social" (Hasenbalg, 2005, p. 20). Nesse sentido, o racismo interfere não só na aquisição de bens e rendimentos econômicos, mas também na "distribuição diferenciada de recompensas e privilégios", no "processo individual de obtenção de *status*, bem como a transmissão intergeneracional de desigualdade social" (Hasenbalg, 2005, p. 97). Essas desigualdades se manifestam em diversos âmbitos, da educação à estrutura ocupacional, e atravessam gerações, retendo "a grande maioria dos negros brasileiros na base da pirâmide social, não obstante as inúmeras transformações sociais pelas quais o país passou nos últimos cinquenta anos" (Lima; Prates, 2015, p. 163).

Segundo Carlos Hasenbalg, um dos pioneiros nesse tipo de estudo na sociologia, na medida em que o racismo tem como efeito a alocação de indivíduos "não brancos" nos estratos inferiores da estrutura social, ele confere aos indivíduos brancos, ao revés, uma vantagem competitiva no preenchimento das posições da estrutura de classes que comportam as recompensas materiais e simbólicas mais desejadas. Assim, "os brancos aproveitaram-se e continuam a se aproveitar de melhores possibilidades de mobilidade social e de acesso diferencial a posições mais elevadas nas várias dimensões da estratificação social" (Hasenbalg, 2005, p. 122). Trata-se de um "privilégio racial" dos brancos, um "sistemático 'sair à frente' na corrida pelos valores sociais".

A citação seguinte, a despeito de longa, expressa conceitualmente bem a perspectiva que enxerga na "raça", definida em termos sociológicos (Gomes, 2005; Guimarães, 2009), um fator determinante para a conformação das desigualdades e da estratificação social no Brasil:

> Estudos demográficos demonstraram as disparidades raciais quanto às probabilidades de superar o primeiro ano de vida e à esperança de vida ao nascer. As pesquisas sobre educação indicam que crianças não-brancas completam menos anos de estudo do que as brancas, mesmo quando se consideram crianças de mesma origem social ou renda familiar *per capita*. As disparidades no acesso, permanência e finalização dos ensinos médio e superior são ainda mais acentuadas. A desigualdade educacional entre brancos e não-brancos irá se refletir posteriormente em padrões diferenciados de inserção desses grupos de cor na estrutura ocupacional.
>
> O tema da participação dos grupos raciais no mercado de trabalho é um dos que está mais bem estudado. Resumindo e simplificando, esses estudos indicam que pretos e pardos estão expostos a diversas práticas discriminatórias no mercado de trabalho. Além de ingressar nele com uma dotação menor de educação formal que a dos brancos, os não-brancos estão expostos à discriminação ocupacional, pela qual a avaliação de atributos não produtivos, como a cor das pessoas, resulta na exclusão ou no acesso limitado a posições valorizadas no mercado de trabalho. Soma-se a isso a discriminação salarial, evidenciada nas menores taxas de retorno à educação e à experiência obtidas por não-brancos, e a diferença na taxa de retornos aumenta nos níveis educacionais mais elevados. Esses padrões diferenciados de participação dos grupos de cor no mercado de trabalho se traduzem em uma valorização altamente desigual do trabalho desses grupos: a renda média do trabalho de pretos e pardos é pouco menos da metade da dos brancos.
>
> Por último, as pesquisas sobre mobilidade social e raça, levando em conta o conjunto de processos sociais acima referidos, enfocam o papel da filiação racial na transmissão intergeracional das desigualdades sociais. Os resultados mais relevantes apontam não só para as menores taxas de mobilidade ascendente para os estratos médios e altos experimentadas pelos não-brancos, como também para as maiores dificuldades

encontradas pelas famílias não-brancas de classe média para transmitir aos filhos as posições sociais conquistadas.

Diante de toda essa evidência acumulada na pesquisa sociológica e demográfica dos últimos tempos, o ônus da prova está com aqueles que tentam desfazer o elo causal entre racismo, discriminação e desigualdades raciais. Se as desigualdades raciais no Brasil não são produto de racismo e discriminação, qual é a teoria ou interpretação alternativa para dar conta das desigualdades constatadas? (Hasenbalg, 2006, p. 261-262).

A vinculação entre racismo e desigualdades a que Hasenbalg se refere — e que está expressa no texto do "Observatório da covid-19 nos quilombos" — afasta qualquer pertinência da redução do conceito de racismo a idiossincrasias individuais que podem ser combatidas com admoestações morais ou outros mecanismos individualizantes. Há uma dimensão *institucional* do racismo, que reforça o seu papel enquanto mecanismo regulador da distribuição de bens e do acesso a direitos na sociedade.

Nesse sentido, os padrões de funcionamento das instituições (políticas, econômicas, culturais etc.) no país redundam em regras que privilegiam determinados grupos sociais e raciais — notadamente, na discussão que nos interessa aqui, a população branca. Afinal de contas, tais instituições são parte de uma ordem social em que o racismo é um elemento constante dos modos de socialização. Em não havendo um combate direto a tais padrões, as regras de funcionamento e de atuação das instituições reproduzem e reforçam as ideias preconceituosas e as práticas discriminatórias que caracterizam o racismo.

Assim, a principal tese de quem afirma a existência de *racismo institucional* é que os conflitos raciais também são parte das instituições. Assim, a desigualdade racial é uma característica da sociedade não apenas por causa da ação isolada de grupos ou de indivíduos racistas, mas fundamentalmente porque as instituições são hegemonizadas por determinados grupos raciais que utilizam mecanismos institucionais para impor seus interesses políticos e econômicos. O que se pode verificar até então é que a concepção institucional do racismo trata o *poder* como elemento central da relação racial. Com efeito, *o racismo é dominação* (Almeida, 2018, p. 30-31).

Na perspectiva de Silvio Almeida (2018, p. 31), o racismo atua institucionalmente estabelecendo "parâmetros discriminatórios baseados na *raça*, que servem para manter a *hegemonia* do grupo racial no poder". Assim, continua o autor, o domínio de homens brancos em instituições públicas ou privadas depende, em primeiro lugar, da existência de regras e padrões que direta ou indiretamente dificultem a ascensão de negros e/ou mulheres, e, em segundo lugar, da inexistência de espaços em que se discuta a desigualdade racial e de gênero, naturalizando, assim, o domínio do grupo formado por homens brancos. O racismo é, portanto, um processo de *dominação*, que perpetua lugares sociais de privilégio e de subalternidade, e que serve à manutenção dessa hierarquia racial.

Essa dimensão política do racismo (pouco perceptível quando nos restringimos a uma leitura individualizante do mesmo) torna ainda mais severo o caráter negacionista do "racismo à brasileira", com que iniciamos nossa discussão. Porque isso significa que os processos de dominação e subalternização implicados no racismo institucional não são reconhecidos enquanto um problema que precisa ser enfrentado pelas instituições ou, ao revés, são creditados como de responsabilidade daqueles que sofrem seus efeitos, justamente a população negra. A "ambiguidade" e o "negacionismo" desse racismo servem, portanto, à manutenção dos privilégios, historicamente assentados, da população branca no Brasil.

Florestan Fernandes (2008), em sua clássica análise do mito da democracia racial brasileira, já reconhecia esse vínculo entre racismo, desigualdades e política institucional. Ainda que amplamente conhecida, a expressão "democracia racial" é menos precisa do que aparenta — Guimarães (2012, p. 137-177), por exemplo, conseguiu registrar cerca de sete usos diferentes dela, ao longo do século XX. Mas, para os fins particulares deste ensaio, vamos tratá-la, a partir de Munanga (2017), como o discurso que proclamou o Brasil como um paraíso racial, onde as relações entre brancos, negros e índios seriam harmoniosas, isto é, não marcadas por preconceito nem discriminação raciais. Um Brasil onde não só tais processos seriam fenômenos residuais, como também não haveria obstáculos racialmente fundados para a ascensão social das pessoas negras (para uma discussão mais ampla do conceito, cf. Guimarães, 2012).

Florestan Fernandes (2008) mostrou como, em seu momento de emergência histórica, na passagem da sociedade escravocrata para a sociedade de classes, o mito serviu como um mecanismo societário de *defesa dissimulada* de atitudes, comportamentos e ideais das camadas (raciais) dominantes. Ele preencheu funções que atendiam aos interesses dessas velhas elites, obstaculizando os processos de democratização da riqueza, da cultura e do poder, contribuindo assim para a manutenção do arcabouço social em que se assentava a dominação tradicionalista dessas camadas privilegiadas.

Ou seja, naquele contexto, o mito da democracia racial se associou ao que o autor chamou de "manipulações conservantistas do poder" (Fernandes, 2008, p. 319-320). E em vários sentidos: ofereceu uma cobertura cômoda ao alheamento e à indiferença dos círculos dirigentes da população branca diante do destino da população negra; identificou como "indesejável" a discussão franca da situação socioeconômica da população negra, e como "perigosa" a participação em movimentos sociais destinados a minorá-la; e concentrou nas mãos do "homem branco" das camadas sociais "altas" o poder de juiz supremo, de árbitro da situação, de quem decide o que "convinha" ou "não convinha" ao negro. Nesse sentido, podemos notar a vinculação entre o não reconhecimento da problemática das desigualdades raciais ("racismo à brasileira") e a atuação de mecanismos sociais voltados para a perpetuação e aprofundamento dos privilégios da população branca ("racismo institucional").

Como afirma Florestan Fernandes (2017, p. 30): com o mito, todo um complexo de privilégios, padrões de comportamento e valores da ordem social escravocrata e senhorial pôde se manter praticamente intacto, na sociedade de classes, em proveito dos estratos dominantes brancos da população brasileira. Desse modo, o mito da democracia racial tornou-se parte essencial da conformação da sociedade moderna no Brasil, e especificamente da manutenção e readequação, a um novo regime político-jurídico, de hierarquias e dominações que possuem raízes na sociedade escravocrata e senhorial.

Se, no contexto originário em que Florestan Fernandes produziu suas reflexões, essa vinculação entre racismo, desigualdades e política institucional era já evidente e dramática, na realidade atual de pandemia, como nos sugere o texto do "Observatório da covid-19 nos quilombos", as dificuldades não são menores. A manutenção dos privilégios já consolidados pelo racismo impõe um padrão de atuação institucional que não questiona as hierarquias raciais da sociedade brasileira — ao contrário, reforça-as.

O que nos permite concluir (e não há nenhuma novidade aqui) que o racismo é, afinal de contas, um elemento *estrutural* das relações políticas, econômicas e sociais no Brasil. Não se trata de algo transitório nem de uma exceção. O racismo marca não só a forma como nos pensamos, enquanto nação, mas o modo como o Estado atua diante dos problemas sociais e como combate ou reforça desigualdades umbilicalmente entranhadas na formação do país.

O racismo, em outras palavras, formata as desigualdades sociais no Brasil. Na medida em que faz parte do padrão de funcionamento das nossas instituições, ele reforça as vulnerabilidades já presentes no processo de formação do país. É um processo que apresenta severas consequências individuais — nos processos identitários, nas relações interpessoais e afetivas, nos modos de aprendizagem e tantas outras (cf. Santiago *et al.*, 2010); mas que, *além* das consequências individuais, possui reverberações estruturais que moldam a forma de estratificação da sociedade brasileira.

> Em resumo: o racismo é uma decorrência da própria estrutura social, ou seja, do modo "normal" com que se constituem as relações políticas, econômicas, jurídicas e até familiares, não sendo uma patologia social e nem um desarranjo institucional. O racismo é estrutural.

Comportamentos individuais e processos institucionais são derivados de uma sociedade cujo *racismo é regra e não exceção*. [...] O racismo se expressa concretamente como desigualdade política, econômica e jurídica. Porém o uso do termo *estrutura* não significa dizer que o racismo seja uma condição incontornável e que ações e políticas institucionais antirracistas sejam inúteis; ou, ainda, que indivíduos que cometam atos discriminatórios não devam ser pessoalmente responsabilizados. Dizer isso seria negar o aspecto social, histórico e político do racismo. *O que queremos enfatizar do ponto de vista teórico é que o racismo, como processo histórico e político, cria as condições sociais para que, direta ou indiretamente, grupos racialmente identificados sejam discriminados de forma sistemática.* Ainda que os indivíduos que cometam atos racistas sejam responsabilizados, o olhar estrutural sobre as relações raciais nos leva a concluir que a responsabilização jurídica não é suficiente para que a sociedade deixe de ser uma máquina produtora de desigualdade racial (Almeida, 2018, p. 38-39, destaques no original).

O racismo reforça, desse modo, diante da pandemia, vulnerabilidades estruturais preexistentes ao atual contexto. Ou seja, para colocar o óbvio: mesmo diante de uma situação que teoricamente afetaria todas e todos, alguns sujeitos, devido ao acúmulo de desvantagens, violências e desigualdades raciais que estruturam a sociedade brasileira, vão ser mais prejudicados. O racismo estrutural fica evidente, como mostra o texto do "Observatório da covid-19 nos quilombos", em toda a omissão do Estado brasileiro diante das necessidades particulares dos territórios quilombolas frente à pandemia, que são na verdade necessidade de acesso a serviços públicos minimamente eficientes na garantia da vida.

A omissão das instituições políticas brasileiras em reconhecerem e atuarem diretamente no combate a essas formas de desigualdade racial, no contexto da pandemia, permite-nos traçar uma linha quase direta com uma concepção de dominação política em que o direito de matar, por parte das instituições, tem sua legitimidade assentada, de um lado, na criação ficcional de um inimigo e, de outro lado, no recurso a uma noção de emergência (que justifica o combate àquele inimigo). Essa capacidade de ditar quem pode viver e quem deve morrer não se manifesta de forma direta e explícita, mas sim através da criação de condições para que a sociedade ou não se importe com a morte de uma parcela da população (o inimigo ficcional referido), ou que veja essa morte como legítima. É essa uma leitura possível da noção de "necropolítica", do filósofo camaronês Achille Mbembe (2012), a qual tem sido, com razão, muito mobilizada nos meios de comunicação para compreender a atuação do Estado brasileiro (e outros) frente à pandemia.[5]

Para a nossa discussão em particular, cabe acentuar que a necropolítica encampa a criação de "mundos de morte" (Mbembe, 2018, p. 71), isto é, formas de existência social em que determinadas populações são submetidas a condições de vida em que sua morte não é percebida enquanto problema. A criação desses "mundos de morte" está relacionada com as práticas de gestão do Estado que, por modos os mais diversos, acabam funcionando como mecanismos de destruição e extermínio de vidas — a gestão da política e da economia produz, desse modo, as condições sociais que autorizam e possibilitam a morte de determinadas parcelas da população.

Entre tais mecanismos, no atual contexto, podemos mencionar a reprodução das dificuldades de acesso a condições mínimas de prevenção ao vírus, no caso dos quilombos (falta de acesso a serviços de saúde, à água etc.); do fomento e naturalização da violência nas cidades e no campo, que vem impactando, nesses tempos de pandemia, agricultores familiares, comunidades quilombolas, povos indígenas; do encurtamento das redes de proteção social de determinadas partes

---

5. Cf., como exemplos não exaustivos: BERCITO, Diogo. Pandemia democratizou poder de matar, diz autor da teoria da "necropolítica". *Folha de S.Paulo*, 30 mar. 2020. Disponível em: https://www1.folha.uol.com.br/mundo/2020/03/pandemia-democratizou-poder-de-matar-diz-autor-da-teoria-da-necropolitica.shtml; SANTOS, Gislene Aparecida dos. Reflexões em tempos de pandemia, necropolítica e genocídios. *Jornal da USP*, 5 maio 2020. Disponível em: https://jornal.usp.br/artigos/reflexoes-em-tempos-de-pandemia-necropolitica-e-genocidios/; MENDONÇA, Heloísa. Pandemia expõe "necropolítica à brasileira" e uma certa elite que não vê além do umbigo. *El País*, 7 maio 2020. Disponível em: https://brasil.elpais.com/economia/2020-05-08/pandemia-expoe-necropolitica-a-brasileira-e-uma-certa-elite-que-nao-ve-alem-do-umbigo.html.

da população; da minimização dos riscos à vida em nome dos riscos à economia... Como diz Silvio Almeida (2018, p. 96): "A justificação da morte em nome dos riscos à economia e à segurança torna-se o fundamento ético dessa realidade".

Nesse sentido, as relações entre necropolítica, enquanto forma de dominação e exercício do poder, e o racismo institucional são bastante evidentes. O racismo é um componente fundamental para que a sociedade se conforme com, e naturalize, a extrema violência e as desigualdades a que a população negra é submetida, seja na violência direta, seja no acesso inadequado a condições mínimas de existência. É o racismo que vai regular a identificação das mortes que são consideradas aceitáveis.

> Com efeito, em termos foucaultianos, racismo é acima de tudo uma tecnologia destinada a permitir o exercício do biopoder, "este velho direito soberano de matar". Na economia do biopoder, a função do racismo é regular a distribuição da morte e tornar possíveis as funções assassinas do Estado. Segundo Foucault, essa é a "condição para a aceitabilidade do fazer morrer" (Mbembe, 2018, p. 18).

De acordo com Silvio Almeida, o racismo tem duas funções ligadas ao poder do Estado, no contexto da necropolítica. A primeira é a de fragmentação, de divisão no contínuo biológico da espécie humana, introduzindo hierarquias, distinções, classificações de raças. Uma divisão entre "superiores e inferiores", "bons e maus" ou, na nossa discussão, os que merecem viver e terão sua vida prolongada, e os que são deixados para a morte. "E que se entenda que a morte aqui não é apenas a retirada da vida, mas também exposição ao risco da morte, a morte política, a expulsão e a rejeição" (Almeida, 2018, p. 89). A segunda função é o estabelecimento de uma relação positiva com a morte do outro, em que esse outro, "visto não como meu adversário, mas como um degenerado, um anormal, pertencente a uma raça ruim", tem sua morte considerada não apenas como "uma garantia de segurança pessoal ou das pessoas próximas, mas do livre, sadio, vigoroso e desimpedido desenvolvimento da espécie, do fortalecimento do grupo ao qual se pertence" (Almeida, 2018, p. 89).

Em outras palavras:

> O racismo, mais uma vez, permite a conformação das almas, mesmo as mais nobres da sociedade, à extrema violência a que populações inteiras são submetidas, que se naturalize a morte de crianças por "balas perdidas", que se conviva com áreas inteiras sem saneamento básico, sem sistema educacional ou de saúde, que se exterminem milhares de jovens negros por ano no que vem sendo denunciado há anos pelo movimento negro como genocídio (Almeida, 2018, p. 94).

Como o próprio autor reconhece, esses não são problemas novos. Trata-se de manifestações mais recentes de dilemas sociais que o Brasil ou se recusa a enfrentar de modo mais sistemático, ou tem tratado de modo apenas pontual ao longo da sua história. Lembremos de todas as organizações e intelectuais negros e negras que alertam, há décadas, para como as instituições políticas brasileiras contribuíam para o genocídio, físico e simbólico, da população negra (Nascimento, 2016; Gonzalez, 1982). E como nossa compreensão desse processo é obstaculizada pela forma particular de manifestação do racismo no Brasil, contribuindo para a naturalização de desigualdades e opressões no acesso a bens e a direitos.

Na síntese precisamente irônica de Lélia Gonzalez (2018, p. 193-194):

> A primeira coisa que a gente percebe, nesse papo de racismo, é que todo mundo acha que é natural. Que negro tem mais é que viver na miséria. Por quê? Ora, porque ele tem umas qualidades que não estão com nada: irresponsabilidade, incapacidade intelectual, criancice etc. e tal. Daí, é natural que seja perseguido pela polícia, pois não gosta de trabalho, sabe? Se não trabalha, é malandro e se é malandro é ladrão. Logo, tem que ser preso, naturalmente. Menor negro só pode ser pivete ou trombadinha, pois filho de peixe, peixinho é. Mulher negra, naturalmente, é cozinheira,

faxineira, servente, trocadora de ônibus ou prostituta. Basta a gente ler jornal, ouvir rádio e ver televisão. Eles não querem nada. Portanto têm mais é que ser favelados. Racismo? No Brasil? Quem foi que disse? Isso é coisa de americano. Aqui não tem diferença porque todo mundo é brasileiro acima de tudo, graças a Deus. Preto aqui é bem tratado, tem o mesmo direito que a gente tem. Tanto é que, quando se esforça, ele sobe na vida como qualquer um. Conheço um que é médico; educadíssimo, culto, elegante e com umas feições tão finas... Nem parece preto.

É aterrador pensar que a autora escreveu essas linhas nos anos 1980. E que, mais de três décadas depois, elas continuem atuais — que elas permaneçam contemporâneas na sua percepção do preconceito racial e dos estereótipos que ele perpetua, e no seu vínculo com os processos silenciados de manutenção de uma hierarquia racial injusta e opressora. Se hoje já avançamos alguns passos no processo de publicização e reconhecimento do problema do racismo e das desigualdades raciais no Brasil, o atual contexto da pandemia parece nos mostrar que esse reconhecimento carece ainda de um passo além, que se efetive na construção de políticas públicas capazes de minimizar os efeitos das persistentes desigualdades raciais no país. O caráter negacionista do "racismo à brasileira" ainda obstaculiza o enfrentamento à pandemia por parte de uma parcela significativa da população, facilitando as condições sociais que contribuem não só para a sua morte, mas também para que essa morte não seja tratada como um problema estrutural da sociedade brasileira.

REFERÊNCIAS

ALMEIDA, Silvio. *O que é racismo estrutural?* Belo Horizonte: Letramento, 2018.

BARRETO, Paula; LIMA, Márcia; LOPES, Andrea; SOTERO, Edilza. Entre o isolamento e a dispersão: a temática racial nos estudos sociológicos no Brasil. *Revista Brasileira de Sociologia*, v. 5, n. 11, 2017, p. 113-141.

FERNANDES, Florestan. *A integração do negro na sociedade de classes*. Vol. 1: O legado da "raça branca". São Paulo: Globo, 2008.

FERNANDES, Florestan. Um mito revelador. *In*: FERNANDES, Florestan. *Significado do protesto negro*. São Paulo: Expressão Popular; Editora da Fundação Perseu Abramo, 2017. p. 29-36.

GOMES, Nilma Lino. Alguns termos e conceitos presentes no debate sobre relações raciais no Brasil: uma breve discussão. *In*: SECRETARIA de Educação Continuada, Alfabetização e Diversidade. *Educação anti-racista*: caminhos abertos pela Lei Federal n. 10.639/03. Brasília: Ministério da Educação, Secretaria de Educação Continuada, Alfabetização e Diversidade, 2005. p. 39-62.

GONZALEZ, Lélia. O movimento negro na última década. *In*: GONZALEZ, Lélia; HASENBALG, Carlos. *Lugar de negro*. Rio de Janeiro: Marco Zero, 1982. p. 9-66.

GONZALEZ, Lélia. Racismo e sexismo na cultura brasileira. *In*: *Primavera para as rosas negras*: Lélia Gonzalez em primeira pessoa... Diáspora Africana: Editora Filhos da África, 2018. p. 190-214.

GUIMARÃES, Antônio Sérgio. *Racismo e antirracismo no Brasil*. São Paulo: Editora 34, 2009.

GUIMARÃES, Antônio Sérgio. *Classes, raças e democracia*. São Paulo: Editora 34, 2012.

HASENBALG, Carlos. *Discriminação e desigualdades raciais no Brasil*. Belo Horizonte: Editora UFMG; Rio de Janeiro: IUPERJ, 2005.

HASENBALG, Carlos. Entrevista com Carlos Hasenbalg. *Tempo Social*, São Paulo, v. 18, n. 2, p. 259-268, 2006. (Entrevista concedida a Antônio Sérgio Guimarães).

LIMA, Márcia; PRATES, Ian. Desigualdades raciais no Brasil: um desafio persistente. *In*: ARRETCHE, Marta (org.). *Trajetórias das desigualdades*. São Paulo: Editora Unesp, 2015. p. 163-189.

MBEMBE, Achille. *Necropolítica*: biopoder, soberania, estado de exceção, política de morte. São Paulo: n-1 Edições, 2018.

MUNANGA, Kabengele. Algumas considerações sobre "raça", ação afirmativa e identidade negra no Brasil: fundamentos antropológicos. *Revista USP*, São Paulo, v. 68, p. 45-57, 2006.

MUNANGA, Kabengele. As ambiguidades do racismo à brasileira. *In:* KON, N. M.; SILVA, M. L. da; ABUD, C. C. (org.). *O racismo e o negro no Brasil.* São Paulo: Perspectiva, 2017. p. 33-44.

NASCIMENTO, Abdias. *O genocídio do negro brasileiro:* processo de um racismo mascarado. São Paulo: Perspectiva, 2016.

PEREIRA, Amílcar Araújo. *O mundo negro:* relações raciais e a constituição do movimento negro contemporâneo no Brasil. Rio de Janeiro: Pallas/ FAPERJ, 2013.

PORTELA JR., Aristeu. *Ações afirmativas com recorte racial no ensino superior e disputas de identidade nacional no Brasil.* Tese (Doutorado em Sociologia) — Centro de Filosofia e Ciências Humanas, Universidade Federal de Pernambuco, Recife, 2018.

SANTIAGO, Eliete; SILVA, Delma; SILVA, Claudilene (org.). *Educação, escolarização & identidade negra:* 10 anos de pesquisa sobre relações raciais no PPGE/ UFPE. Recife: Editora Universitária, Universidade Federal de Pernambuco, 2010.

SCHWARCZ, Lilia Moritz. *Nem preto nem branco, muito pelo contrário:* cor e raça na sociabilidade brasileira. São Paulo: Claro Enigma, 2012.

2

Formação policial e a salvaguarda da vida:

reflexões a respeito da cultura policial e dos Direitos Humanos em tempos de pandemia

Maria José de Matos Luna
Márcio Roberto Cavalcanti da Silva

Introdução

O tema dos Direitos Humanos e o contexto das forças policiais têm sido objeto de raras pesquisas no campo acadêmico. A escassez de material a respeito do assunto e a quase inexistência de grupos de pesquisa, congressos, seminários ou colóquios associados ao tema revelam toda uma área de silêncio onde deveria haver discussões e uma intensa problematização, ainda mais num país cuja agenda democrática e as instituições têm ainda tanta dificuldade de fazer valer os grandes ideais de uma cultura de paz e de um estado de direito.

A redemocratização nos anos 1980 e a abertura política, de então, não foram de todo acompanhadas por uma mudança de hábitos e comportamentos das corporações policiais. Caracterizada por denúncias de abuso e pela atuação dura frente aos movimentos sociais durante os anos ditatoriais, o agir policial, em meio à democratização, não foi de pronto reconfigurado e uma espécie de cultura da violência e mesmo da força como "brutalidade" foi de modo ainda muito tímido criticado e despotencializado.

Dos poucos trabalhos a respeito, Kant de Lima (2003), Caldeira (2003) e Balestreri (2005) chamam a atenção pelas análises e pelo modo como destacam os entraves relativos a respeito da correlação entre Direitos Humanos e as forças policiais brasileiras. Note-se que, na quase totalidade, os textos desses autores são dos anos 2000, ou seja, quase vinte anos depois da abertura política. Esse atraso na consideração atenta do tema deve-se, não raras vezes, aos muitos tabus que cercam as forças policiais, como se delas pouco se pudesse falar e como se todas as críticas a elas dirigidas fossem entre outras coisas algo a ser rechaçado com força e mesmo brutalidade. Há como se uma aura de quase intocabilidade, movida por medos e preconceitos, tornasse tímidas as análises, o que é algo profundamente ruim para toda a sociedade.

Caldeira (2003) destaca, dentro dessa mesma linha de raciocínio, como a violência policial e o antagonismo relacionado aos direitos civis em nosso país estariam, no fundo, associados à falta de mecanismos de controle democrático (controle externo), como se uma interdição informal ao tema pairasse entre nós, vetando a crítica e mesmo a contribuição de outros setores do conhecimento. A própria identificação da ordem e da autoridade ao uso da violência "representaria esse atraso, indicando como a ausência de trabalhos específicos a respeito impedem com que a polícia acompanhe outras áreas que há muito já conseguem desvincular essas duas questões" (Cf. Caldeira, 2003, p. 236).

Miranda (2008) reforça o fato de que há, no exercício da função policial, uma clara disposição autoritária, que ele percebe no modo como a polícia atua dando ênfase ao combate ao criminoso e não ao crime. Tal abordagem ressalta que as práticas policiais continuam com foco no controle social, mais do que a despotencialização do crime e de sua arquitetura, o que é algo notoriamente revelador. Apesar de toda reconstrução democrática do país, paira sobre as forças policiais uma dada necessidade de controle dos indivíduos e dos corpos, mais do que a evidente necessidade de desarticulação do crime em suas raízes mais estruturais. A falta de políticas e de ações específicas para a erradicação do crime, que exigiriam ações efetivas de desmantelo de certos canais de ações criminosas, velam que há uma falta de ação incisiva onde vereiam estar concentradas as maiores forças. Na contramedida, atua-se com intensidade na repressão da figura do ente criminoso, de um dado estereótipo e de um dado contexto social. É como se o medo de um determinado grupo fizesse com que as forças policiais agissem apenas no propósito de coibir determinados atores sociais, mais do que agir incisivamente para desarticular a máquina da morte que se capilariza na sociedade brasileira. A cultura policial centrada no controle e interdição de um determinado grupo social, em que não o crime é o alvo mas o criminoso, é um dos fatores que têm feito o Brasil não avançar no combate ao crime e é ele um dos motivos também da nossa polícia ser uma das mais violentas no mundo.

Uma das chaves para a mudança de sentido do agir policial pode estar na formação e capacitação das forças policiais. Nesse sentido, o Ministério da Justiça elaborou um Currículo Nacional para a formação dos profissionais em segurança pública, o qual se concretizou por meio da Matriz Curricular Nacional (MCN) para a Formação em Segurança Pública (2009). Esse documento é tido como ponto central no direcionamento dos currículos nos cursos de formação policial e tem sido visto como um modelo ideal da nova formação profissional, sendo, ele próprio, o resultado de grande parte das discussões realizadas nas últimas décadas a respeito da segurança pública no país e expressão significativa da criação de um campo de estudo. A Matriz busca, principalmente, a compatibilidade entre Direitos Humanos e eficiência policial, bem como a compreensão e a valorização das diferenças (Ministério da Justiça, 2009, p. 13). Embora, com a criação da Senasp nos anos 2000, essa mudança tenha sido feita por meio de uma grade comum de disciplinas nos cursos de formação, percebe-se, vez ou outra, ainda os mesmos problemas atacados por essa matriz, como, por exemplo, um distanciamento das Polícias com os Direitos Humanos ou com práticas de humanização da função policial. Tal afastamento pode ser explicado por uma cultura policial que dificulta e impõe barreiras aos novos conhecimentos, de forma a fazer com que se forme um contracurrículo que se estabelece pelo ensinamento de práticas policiais do policial mais antigo para o policial mais novo ou para o aluno do curso de formação policial. Na pandemia atual, a atuação da polícia tem sido ressignificada, no sentido de atuar menos no policiamento de rua tradicional, de forma ostensiva; de investigar crimes que se dão em contexto de isolamento social, como os crimes cibernéticos; do uso menor da violência para resolução de conflitos. Tais mudanças explicitam que conteúdos novos entram em conflito com a cultura policial, pautada na repressão ao criminoso e na lógica jurídico-bélica, são necessários, visto que o agir policial é ressignificado ao pedir para pessoas usarem máscaras, evitar aglomerações, investigar crimes dentro dos lares ou no ambiente virtual.

A cultura policial e o currículo oculto na formação policial

O conceito geral de cultura tem uma ampla acepção nas Ciências Sociais. Clifford Geertz (1978) descreve a multiplicidade de conceitos, com definições que vão desde "um celeiro de aprendizagem em comum" até "um conjunto de técnicas para se ajustar tanto ao ambiente externo como em relação aos outros homens" (Geertz,1978). Diante desse cenário, pode-se estabelecer uma direção para o conceito de cultura como "um conjunto de técnicas, memórias e informações compartilhadas e repassadas de geração em geração, desempenhando papel ativo no rearranjo do sistema de informações culturais dos indivíduos" (Sá, 2005). Nessa concepção, a cultura é definida como um sistema de signos e significados criados pelos grupos sociais, pois se produz "através da interação social dos indivíduos, que elaboram seus modos de pensar e sentir, constroem seus valores, manejam suas identidades e diferenças e estabelecem suas rotinas" (Botelho, 2001, p. 2). Isso nos remete à ideia da cultura como criação humana, passível de ser aprendida, transmitida e compartilhada (Hall, 2003; Srour, 2012). Tem-se, também, a ideia de cultura relativa à coletividade. Nesse sentido, não existe uma cultura única, pois os participantes de um grupo nunca são homogêneos, já que cada indivíduo possui múltiplas identidades sociais e convive com uma pluralidade de culturas (Hall, 2003), fazendo inter-relações que tanto podem modificar uma cultura, como também criar uma nova cultura, ou seja, uma mistura, num estado que pode levar tanto a perdas de referencial, mas também a um encontro cultural inovador (Burke, 2003).

Contudo, após a Segunda Guerra Mundial, o conceito de cultura começou a ser usado também nas organizações, pois houve o surgimento maior de companhias multinacionais. Com a globalização dos mercados e os processos de desenvolvimento organizacionais, houve um acréscimo na competitividade entre essas organizações, com fusões e aquisições, bem como expansões transnacionais, tornando necessário o estudo da cultura como variável da organização, já que estas são fenômenos culturais (ZANELLI; BASTOS, 2004). Nessa perspectiva, a ideia da soma de ações compartilhadas e transmitidas por um grupo específico nos leva ao conceito de cultura organizacional.

Ademais, é interessante como Schein (2009) define cultura organizacional como o conjunto de premissas básicas que um grupo criou, descobriu ou desenvolveu ao aprender como lidar com dificuldades de adaptar-se externamente e de integrar-se internamente, os quais se tornam válidos o suficiente para serem considerados válidos e "ensinados a novos membros como a forma correta de perceber, pensar e sentir em relação a esses problemas" (Schein, 2009, p. 3). Essa forma de definir cultura é extremamente esclarecedora quando se pensa a respeito da Polícia no Brasil e como ela herda de tempo pretéritos toda uma forma de agir própria de tempos que não deveriam mais voltar.

A cultura policial cunhada num contexto social, político e cultural das décadas antidemocráticas ainda pulula entre nós, nos fazendo reféns de formas de agir e pensar autoritárias que em nada acrescentam à nossa sociedade. O que de nenhum modo quer dizer que se está aqui defendendo a complacência diante de atos criminosos, mas o que se está criticando é exatamente o sentido dado ao agir policial e a tônica na qual esta está centrada, o que hoje torna ainda mais evidente pelo recrudescimento de ações violentas por parte daqueles que deveriam salvaguardar a própria vida e a sociedade.

No entanto, essa cultura organizacional, aqui chamada de cultura policial, entra em choque com os currículos e conteúdos que devem ser aprendidos nas academias de polícia. No Brasil, segundo Poncioni (2005), a porta de entrada do futuro policial ocorre por meio da academia de polícia. São nas academias policiais que se tecem as primeiras relações interpessoais entre os futuros profissionais da área e se introduzem os conhecimentos e habilidades técnicas específicas ao exercício da profissão. Embora a formação policial não possa ser vista como algo estanque e deva ser pensada como algo contínuo e permanente como em qualquer profissão, é no seio das academias policiais e do período preparatório para o ingresso na corporação que se estabelecem importantes pilares para os futuros profissionais. Segundo Ponciani, é nas academias de polícia, principalmente, nos conteúdos e nas matérias selecionadas por essas, assim como nos eventos e nas atividades que simulam a rotina do cargo a ser ocupado, que grandes e fundamentais questões serão tratadas, que certos comportamentos e atitudes são estimulados ou despontencializados e que uma determinada forma de pensar a polícia começa a ser valorizada. Todavia, nas palavras de Miranda (2008), os policiais brasileiros tendem a dar menos valor aos conhecimentos advindos das instituições de ensino e consideram a rua como local mais adequado ao aprendizado da rotina profissional. Diferentemente, na concepção das polícias americanas ou francesas, as academias de polícia são vistas como um lugar que permite ao profissional adquirir a base de seu trabalho, onde se conquistaria a experiência, mas não o conhecimento, que ficaria, nesse caso, com as universidades. Em suma, a cultura policial representa não só um conjunto de valores organizacionais puramente, mas um saber repassado de um profissional a outro, o qual tem guarida na resolução rápida de situações difíceis com que o profissional da segurança pública se depara. Esse modo de resolver rapidamente, invariavelmente, faz uso da violência.

Então, em decorrência dessa cultura policial, o conhecimento advindo das experiências rotineiras, obtidas ao longo da vida profissional, apresenta traços de informalidade. Percebe-se, consequentemente, uma grande concorrência entre o saber formal, adquirido nas Academias de Polícia, e o saber informal, repassado pelos policiais veteranos aos policiais mais jovens, nas rodas de discussão. Tem-se, então, a força do processo de socialização informal em relação ao processo formal, elaborado pelas organizações. Paixão (1982) aponta que o saber informal exerce um importante papel na conformação da identidade de policial e do seu fazer polícia. Esse saber informal é materializado na forma do que chamamos de contracurrículo ou currículo oculto que funciona por meio de saberes repassados com base na experiência vivida por cada policial. Isso pode ser explicado pelo fato das academias de polícia utilizarem tradicionalmente só policiais em seu corpo de professores. É comum, por exemplo, um professor ensinar conteúdos que geralmente não acredita ou não pratica. Ensina-se uma forma de abordar um cidadão dentro dos padrões indicados pelas Nações Unidas, por exemplo, com respeito às liberdades e garantias individuais e, logo em seguida, o professor confronta aquele saber que acabara de lecionar, informando aos alunos que "na rua isso não funciona". Como se a lei fosse um entrave para a profissão e não o seu guia maior: é a materialização de uma segurança pública voltada para o criminoso e não para o estudo do crime.

Por conseguinte, faz-se importante reconhecer a influência do currículo oculto nas academias de polícia e a relação dele com o contrato didático estabelecido entre os atores desse processo, notadamente os professores e os alunos. Segundo Silva (2003), "[...] o currículo oculto é constituído por todos aqueles aspectos do ambiente escolar que, sem fazer parte do currículo oficial, explícito, contribuem, de forma implícita, para aprendizagens sociais relevantes" (p. 78). O estudo do currículo oculto, inicialmente, começou com influência da sociologia funcionalista, segundo a qual os saberes aprendidos no ambiente escolar seriam importantes para o funcionamento das sociedades avançadas e, portanto, desejáveis. Contrários a essa ideia, os teóricos das teorias críticas do currículo veem as atitudes e condutas transmitidas por meio do currículo oculto "[...] como indesejáveis dos genuínos objetivos da educação, na medida em que moldam as crianças e jovens para se adaptar às injustas estruturas da sociedade capitalista" (Silva, 2003, p. 78). Nesse viés, trazendo para o ensino policial, há uma reprodução de valores estabelecidos, notadamente os que rememoram uma polícia que encara o trabalho diário nas ruas como uma guerra. Então, nas palavras de Silva (2003):

> A ideia é que uma análise baseada nesse conceito permite nos tornarmos conscientes de alguma coisa que até então estava oculta para nossa consciência. A coisa toda consiste, claro, em desocultar o currículo oculto. Parte de sua eficácia reside precisamente nessa sua natureza oculta. O que está implícito na noção de currículo oculto é a ideia de que se conseguirmos desocultá-lo, ele se tornará menos eficaz, ele deixará de ter os efeitos que tem pela única razão de ser oculto. Suspostamente é essa consciência que vai permitir alguma possibilidade de mudança. Tornar-se consciente do currículo oculto significa, de alguma forma, desarmá-lo. (Silva, 2003, p. 80)

Nesse aspecto, para esse desocultar, faz-se importante a formação profissional básica realizada nas academias de polícia para a construção da identidade profissional, fundamentalmente, como uma etapa impactante para a vida do policial, não apenas dada a importância da experiência de formação do membro na aquisição formal dos valores e normas próprias da profissão, das competências e das habilidades para o campo de trabalho, mas também na aquisição dos valores e crenças acerca da carreira, consubstanciados em uma base de conhecimento e de cultura comum sobre o que é ser policial em um determinado modelo de polícia profissional. Com efeito, a reflexão sobre alguns aspectos gerais que permeiam a cultura policial de ser desvendada, por meio de discussões filosóficas sobre o papel do policial na sociedade, como garantidor da ordem pública, defensor da vida e invariavelmente como servidor público. Com isso, demonstra-se a necessidade de uma formação humana, antes da curricular, no sentido de demonstrar-se valores como ética e democracia, antes de conteúdos ou disciplinas. O contexto da pandemia, como mostraremos a seguir, adicionou o componente de um agir profissional que leva em consideração não uma preparação para a guerra ou a defesa da legalidade, apenas, e sim para questões de resolução de conflitos (como uma ação para garantir que não haja aglomerações), de orientação do cidadão, de convencimento fazendo uso de uma linguagem que utiliza componentes de justiça procedimental, dentre outros aspectos.

A pandemia e o agir policial

Em tempos de pandemia, a cultura policial, que tem como *logos* o que é internalizado na prática diária dos profissionais da segurança pública, tem sido reconfigurada. Uma análise desse prática, por meio de literatura nacional sobre formação profissional do policial, torna visível que, no modelo policial profissional em voga, o ensino e treinamento para policiais enfatizam o controle do crime e a aplicação da lei, direcionando a adesão dos policiais a regras e procedimentos da organização, deixando de lado o enfoque do relacionamento com o cidadão para o desenvolvimento das tarefas relacionadas à manutenção da ordem, demandadas cotidianamente impostas à polícia, e que são desconsideradas pelos alunos, em grande parte, como conteúdos programáticos dos cursos em questão. Esse modelo privilegia a produção de um comportamento legalista dos policiais, dentro de um arranjo burocrático-militar que influencia a cultura, a forma de trabalho, a política de gestão, o treinamento, as operações, táticas e estratégias policiais.

Portanto, há uma dificuldade dos cursos de formação profissional em abarcar a amplitude das atribuições da polícia relacionadas à realidade complexa e contingente do seu trabalho, visando a manutenção da ordem, prevenção e repressão do crime na sociedade atual. Dessa maneira, denota-se que o trabalho policial não consiste apenas no desenvolvimento de atividades relacionadas à estrita aplicação da lei, mas, para além disso, se constitui de uma gama de atividades relacionadas à pretensa manutenção da ordem, executadas na maioria das vezes em condições instáveis, como essa da pandemia, e exigindo o uso da discrição, a formação e o treinamento profissional fornecidos no interior da organização policial, quase sempre ligados rigorosamente aos aspectos normativo-legais do trabalho, que acabam sendo simplistas e irreais.

Com base em Skolnick e Bayley (2002, p. 19), dentre as quatro premissas fundamentais no modelo profissional policial, destacamos, aqui, a reorientação das atividades de patrulhamento para enfocar os serviços não emergenciais (preventivos). Além do mencionado pelos autores, há a necessidade de uma preparação visando à migração do crime por conta do isolamento social.

Com o isolamento total (*lockdown*) ou parcial, a atividade de policiamento de rua tem sido menor, no que diz respeito à ostensividade ou ao combate à prática de crimes contra o patrimônio, como roubos a transeuntes, por exemplo. Nesse sentido, a rotina da Polícia Militar vem sendo transformada com a adição de atribuições como a fiscalização de locais como bares, restaurantes, praias, campos de futebol amador, não mais em busca de possíveis crimes, mas para evitar aglomerações, o que exige um trabalho focado na negociação e mediação por meio do uso da palavra. Outra atribuição foi a de fiscalizar e exigir o uso de máscaras pela população de forma compulsória. Episódios não têm faltado para ilustrar que essas atribuições novas, não aprendidas nos cursos de formação, exigem habilidades diferentes e a ideia de legitimidade da Polícia. Uma reportagem do Portal Uol mostrou que um desembargador do Tribunal de Justiça de São Paulo humilhou um guarda-civil após ser multado por andar sem máscaras na orla de Santos-SP (Maia, 2020). Tal fato indignou a opinião pública, fazendo com que fosse aberta uma investigação por parte do Conselho Nacional de Justiça (CNJ). Por outro lado, o guarda-civil recebeu elogios por não reagir de forma repressiva, mesmo com o desembargador rasgando a multa. Já em outros episódios semelhantes, pessoas flagradas na praia (fechada para banhistas) reagiram também de forma agressiva contra o policiamento.

Segundo Tyler (1990), o comportamento de respeito às leis e às autoridades pode ser motivado tanto por razões instrumentais quanto por razões normativas. Na razão instrumental, os indivíduos fazem um cálculo racional de perdas e ganhos pessoais em cada ação ao confrontar-se com a capacidade das instituições em prevenir o crime por meio de métodos ostensivos. Nesse sentido, a obediência se daria pelo medo e resignação e não pelo reconhecimento da autoridade. Por outro lado, Tyler aduz que a obediência não se daria pela eficácia ou capacidade das instituições em impor controle, mas sim pelo consentimento e comprometimento voluntários com as ações da autoridade, com base na legitimação dessa autoridade.

O trabalho cotidiano das instituições policiais objetiva que os cidadãos tenham um comportamento de respeito às normas e leis enfatizando uma dessas motivações supracitadas. O ensino dos cursos de formação e a própria escolha do Estado brasileiro têm ensinado a perspectiva da teoria da dissuasão, isto é, têm buscado que os cidadãos obedeçam às autoridades por razões instrumentais. Nessa visão, quanto maior e mais severa for a punibilidade, menor a probabilidade de um indivíduo cometer crimes. Assim, a ameaça de aumento da punibilidade contra um determinado crime seria eficaz para coibi-lo, ou seja, quanto mais vigilância e punição, menos crimes. O efeito desse modelo é a ideia de eficácia da polícia por meio de indicadores como o número de apreensões e prisões, deixando em segundo plano questões como vitimização de alguns grupos sociais, percepção do medo, insegurança ou da qualidade do tratamento dos policiais. Em virtude ainda desse modelo, como há uma necessidade de vigilância maior, a ênfase na intrusão pode causar um aumento do distanciamento entre a autoridade e a sociedade, desestimulando a participação e cooperação, gerando resistência e desconfiança.

Outro ponto que merece destaque e que tem influência nessa mudança do agir policial é o redirecionamento do crime no contexto da pandemia. A covid-19 tem mudado significativamente os padrões de criminalidade em quase todas as áreas criminais. Criminosos adaptaram-se à nova situação, alterando o *modus operandi* e migrando as atividades para a Internet, com o aumento do uso da *Darknet* ou *Deepweb* e das redes sociais, além de fornecer produtos ilegais por meio de serviços de encomendas. As atividades criminais relacionadas à covid têm aumentado em todas as áreas, enquanto aquelas exigindo viagens, transporte e contatos físicos diminuíram.

A aplicação da lei enfrenta vários desafios no nível operacional, como consequência da pandemia. A capacidade de investigação foi reduzida à medida que os funcionários foram designados para outras formas de atuação, como as mencionadas anteriormente (evitar aglomerações, fiscalizar o uso de máscara, evitar o acesso a parque e praias etc.). Alguns métodos policiais, como investigações presenciais, vigilância, buscas domiciliares, foram suspensos. Essas alterações resultaram em atrasos na troca de informações, deixando as investigações mais lentas, suspensas ou interrompidas. Por último, mas não menos importante, os policiais tiveram que melhorar seus conhecimentos em investigações *on-line,* inteligência de código aberto e patrulhamento cibernético em um período extremamente curto de tempo, conteúdos e habilidades que também são deficitários na formação policial.

O agir policial, como resposta à pandemia, teve que abordar padrões e *modus operandi* de crime alterados em todas as áreas criminais a curto prazo. No contexto do isolamento social, uma readaptação na investigação de crimes contra as mulheres e de abuso de crianças, adolescentes e idosos promoveu a palavra como grande aliada nesse processo, por meio da mediação dos conflitos. Isso demonstra que há de se repensar os conteúdos dos cursos de formação. Porém, como aludido anteriormente, isso por si só não se sustenta, na medida em que a formação policial deve ser um espelho da formação humana, espelhando a experiência grega da *Paideia* ou a alemã da *Biuldung*, as quais formavam o homem para viverem numa democracia ou privilegiando uma formação cultural e ética.

Considerações finais

A cultura policial, representada pelo contracurrículo (ou currículo oculto) nas academias, faz com que as práticas policiais vivenciadas no trabalho rotineiro de policiamento sejam ensinadas, aprendidas e apreendidas. Tais práticas revelam que o conhecimento adquirido é voltado mais para o criminoso do que contra o crime em si, como fenômeno humano, social. Na formação policial, em que pese ser uma disciplina da Matriz Curricular Nacional (MSC), os Direitos Humanos são ensinados de forma protocolar, geralmente abordando contextos históricos, numa lógica jurídica, como se os Direitos Humanos fossem apenas leis que atrapalhassem o trabalho policial. Paira no imaginário dos policiais a noção de que Direitos Humanos e Polícia são inimigos; um Outro que carrega todos os Eus contrários ao progresso da Polícia.

Nesse trabalho, buscamos ampliar a discussão em torno do tema, mostrando que, apesar das mudanças curriculares e da ampla grade de disciplinas da MCN, ainda temos uma polícia com os maiores índices de letalidade. Segundo a 13ª edição do Anuário Brasileiro de Segurança Pública (FBSP, 2019), 11 a cada 100 mortes violentas intencionais foram provocadas por ação policial em 2018. Segundo Cano (1997), em um estudo sobre intervenções policiais, realizado em diferentes países, demonstrou que essas correspondem a 5% do total de homicídios. Ao exceder 10%, há indícios de execuções e uso abusivo da força. Faz-se necessária, portanto, uma formação para além do currículo. Um dos caminhos dessa formação pode se dar pela abertura de um diálogo entre os Direitos Humanos e a Polícia sob a forma de teoria (o que se aprende nas academias de polícia) e prática (o que se aprende no trabalho rotineiro, base da cultura policial). Usando uma perspectiva de Gadamer (1999), é nessa dinâmica que a formação prática estaria aberta ao Outro, "pois toda profissão tem sempre algo a ver com o destino, com a necessidade externa e exige que nos entreguemos a tarefas que não assumiríamos se tivessem finalidade privada". Com o objetivo de suprir as exigências da profissão "totalmente e em todas suas facetas", busca-se superar o estranho e fazê-lo totalmente seu. Nesse aspecto, entregar-se ao sentido universal da profissão é, pois, ao mesmo tempo, "[...] saber limitar-se, ou seja, fazer de sua profissão uma questão inteiramente sua. Nesse caso, ela não será nenhuma limitação para ele". (Gadamer, 1999, p. 53)

Assim, seria preciso a abertura desse diálogo para superarmos a distância de uma formação voltada para o combate ou numa lógica jurídica e legalista e atingirmos uma formação que prepare o policial para situações em que a mediação feita com o uso da palavra seja mais efetiva, como no contexto da pandemia. Esse agir policial, forçado a ser em parte modificado pelo novo paradigma do crime, materializado na mudança dos *modus operandi* do crime e não apenas do criminoso.

REFERÊNCIAS

ADORNO, S. Consolidação democrática e políticas de segurança pública no Brasil: rupturas e continuidades. *In:* ZAVERUCHA, J. (org.). *Democracia e instituições políticas brasileiras no final do século XX.* Recife: Bagaço, 1998. p. 149-189.

ALBUQUERQUE, C. L.; MACHADO, E. P. *O Currículo da Selva:* Ensino, Militarismo e Ethos Guerreiro nas Academias Brasileiras de Polícia. Capítulo Criminológico. v. 29, n. 4, dez. 2001a, p. 05-33.

ALBUQUERQUE, C. L.; MACHADO, E. P. Sob o signo de Marte: modernização, ensino e ritos da instituição policial militar. *Sociologias,* Porto Alegre, ano 3, n. 5, jan./jun. 2001b, p. 214-237.

BALESTRERI, Ricardo Brisolla. *Direitos Humanos*: coisa de polícia. Passo Fundo: Capec, 2005.

BOTELHO, Isaura. Dimensões da cultura e políticas públicas. *São Paulo em Perspectiva,* São Paulo, v. 15, n. 2, 2001. Disponível em: http://www.scielo.br/scielo.php?script=sci_arttext&pid=S0102-88392001000200011&lng=en&nrm=iso. Acesso em: 29 jul. 2020.

BURKE, P. *Hibridismo cultural.* São Leopoldo: Ed. da Unisinos, 2003.

CALDEIRA, Teresa Pires do Rio. *Cidade de muros.* 2. ed. São Paulo: Editora 34/Edusp, 2003.

CANO, I. *Letalidade da ação policial no Rio de Janeiro.* Rio de Janeiro: ISER, 1997.

GEERTZ, C. *A interpretação das culturas.* Rio de Janeiro: Zahar, 1978.

HALL, S. *A identidade cultural na pós-modernidade.* Rio de Janeiro: DP&A, 2003.

KANT DE LIMA, Roberto. Direitos Civis, Estado de Direito e "Cultura Policial": a formação policial em questão. *Revista Brasileira de Ciências Criminais.* São Paulo: Editora Revista dos Tribunais, ano 11, jan./mar. 2003.

KANT DE LIMA, Roberto. *A Polícia da Cidade do Rio de Janeiro:* seus dilemas e paradoxos. Rio de Janeiro: Forense, 1995.

LARAIA, Roque de Barros. *Cultura:* um conceito antropológico. 14. ed. Rio de Janeiro: Jorge Zahar, 2001.

MAIA, Dhiego. Desembargador de SP chama guarda-civil de analfabeto e rasga multa ao ser flagrado sem máscara. Portal Uol. Disponível em: https://www1.folha.uol.com.br/cotidiano/2020/07/desembargador-de-sp-chama-guarda-civil-de-analfabeto-e-rasga-multa-ao-ser-flagrado-sem-mascara.shtml. Acesso em: 24 jul. 2020.

MIRANDA, Ana Paula Mendes de. Dilemas da formação policial: treinamento, profissionalização e mediação. *Educação Profissional:* Ciência e Tecnologia, Brasília, v. 3, n. 1, jul./dez. 2008.

OLIVEIRA, Thiago R.; NATAL, Ariadne; ZANETIC, André. Preditores e impactos da legitimidade policial: testando a teoria da justeza procedimental em São Paulo [*working paper*]. *18° Congresso Brasileiro de Sociologia.* Brasília, 26-29 jul., 2018.

PAIXÃO, Antônio Luiz. A organização policial numa área metropolitana. *Dados* — Revista de Ciências Sociais, Rio de Janeiro, v. 25, n. 1, p. 63-85, 1982.

PONCIONI, Paula. O modelo policial profissional e a formação profissional do futuro policial nas academias de polícia do Estado do Rio de Janeiro. *Soc. estado. [online].* 2005, v. 20, n. 3, p. 585-610.

SÁ, Antônio Lopes de. *Ética profissional.* 6. ed. São Paulo: Atlas, 2005.

SCHEIN, Edgar H. *Cultura organizacional e liderança.* Trad. Ailton Bonfim Brandão. São Paulo: Atlas, 2009.

SENASP. *Matriz Curricular Nacional para a Formação em Segurança Pública.* Secretaria Nacional de Segurança Pública/SENASP. Ministério da Justiça, 2009.

SILVA, Tomaz Tadeu da. *Documentos de identidade:* uma introdução às teorias do currículo. 2. ed. Belo Horizonte: Autêntica, 2003.

SKOLNICK, J. H.; BAYLEY, D. H. *Policiamento comunitário.* Trad. Ana Luísa Amêndola Pinheiro. São Paulo: Edusp, 2002.

SROUR, R. H. *Poder, cultura e ética nas organizações.* Rio de Janeiro: Elsevier, 2012.

TYLER, Tom. *Why people obey the law:* procedural justice, legitimacy, and compliance. New Haven: Yale University Press, 1990.

ZANELLI, J. C.; BORGES-ANDRADE, J.; BASTOS, A. V. B. (org.). *Psicologia, Organizações e Trabalho no Brasil.* Porto Alegre: Artmed, 2004.

3

O pum do palhaço:

política cultural no Brasil frente à pandemia de covid-19

Elton Bruno Soares de Siqueira
Raissy Kelly da Silva Morais

Apresentação

Este artigo tem por objetivo geral discutir e (re)afirmar os Direitos Culturais no *hall* dos Direitos Humanos, a fim de enfatizar a necessidade de implantação de políticas culturais no Brasil, através da representação institucional da Secretaria Especial de Cultura, bem como de seus discursos e ações, em âmbito federal.

O título faz referência ao discurso de posse da, hoje, ex-secretária especial de Cultura do Governo Brasileiro de Jair M. Bolsonaro, a atriz Regina Duarte, proferido no dia 4 de março do ano presente. Em dado momento, a então secretária proclama que a cultura, dentre outras modalidades, é "aquele pum produzido com talco espirrando do traseiro do palhaço e fazendo a risadaria feliz da criançada"[1]. Nas redes e círculos sociais, o "pum do palhaço" rendeu muitos comentários.

---

1. Para ler o discurso na íntegra, ver texto disponível em: https://oglobo.globo.com/cultura/regina-duarte-leia-integra-do-discurso-de-posse-1-24285574. Acesso em: 13 jul. 2020.

A despeito do uso positivo desse tipo de brincadeira, própria da cultura circense, as palavras da secretária abriram espaço para uma crítica histórica por parte dos profissionais da cultura: em nossa República, a cultura quase sempre foi tratada como um "pum de palhaço", como algo menor, insignificante e, por vezes, desagradável e incômodo, com caráter acessório, de mero entretenimento.

Poucos dias após a posse da secretária, começamos a viver um período de quarentena em razão do avanço pandêmico da covid-19. Os casos de morte pela doença no Brasil aumentaram rapidamente, incluindo a de alguns dos profissionais da cultura. Artistas e produtores se viram obrigados a cancelar contratos, muitos chegando a passar necessidades financeiras, assim como parte considerável da população brasileira.

Frente a esse caos, o governo federal, fiel à agenda política em favor do capital, nacional e estrangeiro, tem negado a gravidade dos fatos, subnotificado o número de mortos pela covid-19 e estimulado as pessoas a saírem da proteção de suas residências para trabalhar, contrariando, assim, as recomendações da Organização Mundial da Saúde (OMS). O Poder Executivo resistiu muito tempo para conceder um benefício, menor que um salário mínimo, à população que se viu desempregada e sem perspectiva de emprego a curto prazo.

Nesse contexto, os profissionais da cultura procuraram se reinventar, buscando estratégias para vender seus trabalhos em plataformas digitais. Mas a maioria deles passou necessidades, a ponto de muitos recorrerem a *crowdfundings* em redes sociais, a fim de pagarem suas contas. Passados dois meses de quarentena nacional, a Secretaria Especial de Cultura não havia proposto nenhuma política emergencial de apoio a esses profissionais, como, por exemplo, recorrer ao Fundo Nacional da Cultura. Sequer houve um pronunciamento oficial da Secretaria em apoio ao setor, inclusive, às famílias daqueles que chegaram a falecer pela doença, dentre eles, o compositor e cronista brasileiro, Aldir Blanc, cuja morte veio a sensibilizar muito a classe artística.

DIREITOS HUMANOS EM TEMPOS DE PANDEMIA DE CORONAVÍRUS

Em maio deste mesmo ano, a então secretária especial de Cultura decidiu conceder uma entrevista ao vivo para a CNN Brasil[2]. Ela fora preparada para falar de seu exíguo trabalho na pasta ministerial do Turismo, quando foi surpreendida com perguntas, feitas por três jornalistas (dois em estúdio e o entrevistador no gabinete da secretária), relacionadas ao silêncio da Secretaria sobre o novo coronavírus e sobre as mortes por covid-19 no Brasil, incluindo de artistas conhecidos nacionalmente.

O presente artigo se propõe, especificamente, a realizar uma análise crítica dessa entrevista, mostrando o total descaso da Secretaria Especial de Cultura do Brasil, através de sua porta-voz, a então secretária Regina Duarte, diante das mortes e da dura recessão pela qual estava e está passando o povo brasileiro, no geral, e os profissionais da cultura, em particular.

Os Direitos Culturais constituem Direitos Humanos

Os Direitos Culturais envolvem o direito de liberdade de pensamento, criação e expressão. Dizem respeito às atividades e manifestações artísticas e culturais, ao direito de ser criativa(o), de vivenciar, interpretar e transformar elementos socioculturais. Relacionados a esses, também se encontram: o direito de culto, religião ou religiosidade; o direito às artes, em aprendizados do fazer e do apreciar; o direito à educação; também o direito à diferença e a vivenciar tais direitos em equidade de gênero e sem racismos, conforme o sentido de igualdade para os Direitos Humanos.

A Declaração Universal dos Direitos Humanos (doravante DUDH), adotada e proclamada pela resolução 217 A (III) da Assembleia Geral das Nações Unidas, em 10 de dezembro de 1948, prevê em seu artigo 22 que "todo ser humano, como membro da sociedade

---

2. Para assistir à entrevista completa, ver vídeo disponível em: https://www.youtube.com/watch?v=v9gLHrP7RNw. Acesso em: 13 jul. 2020.

[...]" tem direito à realização — pelo esforço nacional, pela cooperação internacional e de acordo com a organização e recursos de cada Estado — de seus direitos culturais "indispensáveis à sua dignidade e ao livre desenvolvimento da sua personalidade". No mesmo documento, o Artigo 27 assim afirma o direito à livre participação na vida cultural: "Todo ser humano tem o direito de participar livremente da vida cultural da comunidade, de fruir das artes e de participar do progresso científico e de seus benefícios".

Pode-se compreender o direito à participação na vida cultural como o direito à livre criação, ao acesso às criações e produções, à livre difusão e à participação nas decisões de política cultural. Por sua vez, o acesso à vida cultural estimula a participação e a criação em amplitude cíclica, ou seja, quanto maior contato, maior aprofundamento e desenvolvimento das áreas e atuações culturais.

Tomando-se por base o documento de Recomendação sobre a Participação dos Povos na Vida Cultural (Unesco, 1976), os direitos de acesso e de inserção na vida cultural são concebidos como "possibilidade efetiva", a ser garantida a qualquer grupo ou pessoa, de expressar-se, de comunicar, de atuar e de criar livremente, especialmente com o apoio dos Estados. Esses direitos são também contemplados na Recomendação sobre o Status do Artista (Unesco, 1980), que convoca os Estados não apenas a incentivarem a liberdade de expressão artística mas também a oferecerem condições materiais que facilitem o surgimento de talentos criativos, a partir do fomento às Artes e da melhoria das condições de trabalho dos artistas, como bases para uma política cultural efetiva em atenção a tais direitos.

No Pacto Internacional sobre os Direitos Econômicos, Sociais e Culturais, assinado em assembleia da ONU, em 1966, mas somente tendo entrado em vigor dez anos depois, se faz um avanço em relação à DUDH, considerando que essa possuía apenas caráter recomendatório e aquele, caráter compulsório. Dessa forma, passa a haver o comprometimento pelos Estados em garantir o pleno exercício dos Direitos Culturais. Pacto, este, firmado pelo Brasil através de carta de adesão emitida em 1992.

A Declaração do México sobre as Políticas Culturais (Unesco, 1982) prevê a ampla participação dos indivíduos e da sociedade no processo de desenvolvimento e tomada de decisões, através de diálogos e debates entre a população e os diversos órgãos de cultura, visando promover a descentralização territorial e administrativa das políticas culturais.

Desde 1989, a partir da Recomendação sobre a Salvaguarda da Cultura Tradicional e Popular (Unesco, 1989), é considerado que a cultura popular deve ser protegida, inclusive, na evolução de suas tradições e frente à indústria cultural de massa; e que os Estados são os responsáveis primários por apoiar a pesquisa e a documentação dessas manifestações e de suas comunidades geradoras e difusoras.

No Pacto dos Direitos Civis e Políticos, 1966, ratificado pelo Brasil em 1992, a Organização das Nações Unidas também especifica ser papel dos Estados assegurar às(aos) membra(o)s de minorias étnicas, religiosas e linguísticas o direito às suas práticas culturais. Direito esse reforçado na Declaração sobre os Direitos das Pessoas Pertencentes à Minorias Nacionais, Étnicas, Religiosas e Linguísticas (ONU, 1992), responsabilizando os Estados pela proteção às identidades culturais a partir dos territórios que ocupam.

Num acréscimo à relação entre cultura e desenvolvimento, a Convenção sobre a Proteção e Promoção da Diversidade das Expressões Culturais (BRASIL, 2007), ratificada pelo Brasil no ano de 2007, aborda a inclusão das variáveis culturais nos planos nacional e internacional de desenvolvimento dos Estados, visando à implantação de políticas de proteção das identidades culturais de suas populações.

Além dos nove documentos já citados, temos também a Convenção Universal sobre Direito de Autor (1952); a Convenção sobre a Proteção dos Bens Culturais em Caso de Conflito Armado (1954); a Declaração dos Princípios da Cooperação Cultural Internacional (1966); a Convenção sobre a Proteção do Patrimônio Mundial, Cultural e Natural (1972); o Informe da Comissão Mundial de Cultura e Desenvolvimento (1996); a Declaração sobre a Diversidade Cultural (2001) e a Convenção sobre a Proteção e Promoção da Diversidade das Expressões Culturais (2005), a Declaração de Friburgo (2007), dentre muitos outros.

Vê-se, então, que os Direitos Culturais se encontram subsumidos em inúmeros documentos internacionais diretamente relacionados aos Direitos Humanos. Nesse sentido, os Estados nacionais não podem prescindir desses direitos em sua gestão, na atribuição de suas representações, com a finalidade de realizar políticas culturais efetivas, de forma que possam atender aos direitos culturais dos cidadãos, inclusive, em tempos difíceis.

Os Direitos Culturais no Brasil: um rápido panorama

No Brasil, entre os anos de 1953 a 1985, a cultura esteve subordinada à Educação, no Ministério da Educação e Cultura. Com a redemocratização do país, em 1985, no então governo Sarney, foi criado o Ministério da Cultura (MinC), um órgão da administração pública responsável pela gestão de políticas culturais do país, cujas principais atribuições eram a proteção do patrimônio histórico, artístico e cultural e a regulação dos direitos autorais.

No entanto, assim que Fernando Collor tomou posse em 1990, uma de suas primeiras medidas foi extinguir o Ministério da Cultura, transformando a pasta em uma Secretaria vinculada diretamente à Presidência da República. Após o impeachment do presidente Fernando Collor e com a posse de seu vice e sucessor, Itamar Franco, em 1992, é recuperado o perfil ministerial da pasta.

De 1992 a 2017, o MinC se manteve ativo. No governo do presidente Luís Inácio Lula da Silva, a partir de 2003, a cultura passa a ser focada com especial atenção. Nomeado ministro da cultura nesse governo, o cantor e compositor Gilberto Gil assumiu a pasta de 2003 a 2008, empenhando-se na criação e promoção de uma política cultural que valorizava a diversidade de culturas em território nacional. O Estado, então, assume, nesse período, sua responsabilidade com a cultura e com a criação de condições para que os agentes culturais pudessem trabalhar com estímulo produtivo. Um de seus frutos foi o Plano Nacional de Cultura, criado a partir da emenda constitucional ao artigo 215, no parágrafo 3°, o qual aborda a produção, promoção, difusão e democratização do acesso aos bens culturais, introduzindo, dentre os objetivos, a "formação de pessoal qualificado para a gestão da cultura em suas múltiplas dimensões". Com isso, ressalta a importância com a profissionalização no exercício da gestão cultural.

Após 25 anos de relativa estabilidade, o MinC sofre novo abalo. Em 2017, o então sucessor da presidenta Dilma Rousseff, o presidente Michel Temer, propõe a extinção do MinC, fundindo cultura e educação numa mesma pasta, o MEC, como nos tempos anteriores à redemocratização da política brasileira. Essa medida durou apenas 9 dias, pois os protestos da classe artística fizeram o governo de Temer recuar e manter o MinC separado do MEC.

No governo do atual presidente, Jair M. Bolsonaro, uma das primeiras medidas realizadas, logo após sua posse, em janeiro de 2019, foi a extinção do MinC e sua substituição por uma Secretaria Especial da Cultura. Por meio do Decreto 9.674, de 2 de janeiro de 2019, Bolsonaro unifica cultura, esporte e desenvolvimento no novo Ministério da Cidadania. A Cultura, assim, perde seu estatuto ministerial, passando a operar como uma Secretaria Especial subordinada ao Ministério da Cidadania. Em novembro desse mesmo ano, a Secretaria Especial de Cultura é transferida para o Ministério do Turismo[3].

A perda do status ministerial acarretou o desmonte das políticas culturais até então construídas a duras penas. Além disso, a transformação do MinC em uma Secretaria ocasionou diminuição no orçamento e na autonomia da política cultural do país em relação às outras áreas do Governo. Desde sua criação, ou seja, em apenas 17 meses, a Secretaria Especial de Cultura já passou por quatro secretários diferentes: Henrique Pires, Ricardo Braga, Roberto Alvim e Regina Duarte. Atualmente, encontra-se sob a coordenação do ator Mário Frias.

---

3. Disponível em: https://www.politize.com.br/secretaria-da-cultura/. Acesso em: 13 jul. 2020.

Gestão cultural brasileira no contexto da pandemia

Nosso *corpus* se constituiu da entrevista que a ex-secretária de cultura, Regina Duarte, concedeu ao jornalista Daniel Adjuto, da emissora CNN Brasil, no programa CNN 360, apresentado por Daniela Lima e Reinaldo Gottino, no dia 7 de maio deste ano. Nossa análise terá como orientação teórico-metodológica os pressupostos da Análise Crítica do Discurso (ACD), de orientação anglo-saxã.

A ACD compreende a linguagem e os discursos como elementos integrantes do processo social material. Nessa perspectiva, o discurso consiste numa prática de significação do mundo, constituindo e construindo o mundo em significado. Fairclough (2001, p. 91) distingue três aspectos dos efeitos construtivos do discurso: (1) o discurso contribui para a construção do que é referido como "identidades sociais" "e 'posições de sujeito' para os 'sujeitos' sociais e os tipos de 'eu'"; (2) o discurso "contribui para a construção das relações sociais entre as pessoas"; (3) o discurso "contribui para a construção de sistemas de conhecimento e de crença". Daí por que compreender o discurso como ação social e a ACD como estratégia que visa à mudança social.

Partindo do suposto que a vida social se constitui por uma rede interconectada de práticas sociais de diversos tipos — econômicas, políticas, sociais, culturais etc. —, cada qual com sua semiose — ou seja, formas de construção de sentidos —, a ACD se propõe a realizar uma análise dialética entre semioses e outros elementos das práticas sociais, os quais, segundo Fairclough (2012), correspondem a: atividade produtiva; meios de produção; relações sociais; identidades sociais; valores culturais; consciência; semiose.

Com foco na entrevista em tela, passemos à análise dos discursos que atravessaram e constituíram a fala da ex-secretária especial da cultura. Desde sua posse, ela optou por manter-se distante das mídias jornalísticas, com exceção da entrevista concedida ao Fantástico, em 8 de março deste ano, e à CNN Brasil, dois meses depois da primeira. Durante os dois meses de pandemia, Regina Duarte não comparecia aos pronunciamentos oficiais, nem ao mais crucial de todos, em que o presidente da República convocou todos os seus ministros e secretários para se juntarem a ele no pronunciamento feito à coletiva de jornalistas, que se seguiu à renúncia do ex-ministro da justiça, Sérgio Moro[4].

Segundo os noticiários, a ex-secretária teve dificuldade em montar sua equipe de trabalho[5]. O presidente da República, que na ocasião do convite havia lhe dado "carta branca" para ela trabalhar, conforme a própria reportou em seu discurso de posse, não cumpriu o prometido, revogando muitas das exonerações e das nomeações que ela havia solicitado[6]. No dia anterior à entrevista para a CNN Brasil, segundo revelou ao jornalista Daniel Adjuto, Regina Duarte conseguira aprovar um decreto que oficializava a transferência da Secretaria Especial da Cultura para o Ministério do Turismo. Ela atribuiu às "burocracias", de forma genérica, a lentidão no andamento de seus projetos.

A entrevista ocorreu no gabinete da secretária. Dava para perceber que havia alguém por trás das câmeras, provavelmente algum(a) assessor(a), para quem Regina Duarte muitas vezes olhava e fazia alguns gestos comunicativos. Ao longo dos 40min24s de entrevista, ela procurou defender o governo atual, garantindo que não havia da parte do presidente resistência alguma às suas solicitações.

Em dado momento, porém, a ex-ministra foi questionada por que razão o presidente havia revogado a nomeação de Maria do Carmo Brant, indicada por ela para assumir a Secretaria da Diversidade Cultural. Ela atribuiu isso a um problema "técnico", haja vista que Brant estava inscrita em outro partido, ao que Daniel Adjuto perguntou se o problema era burocrático ou ideológico, pelo fato de Brant ter participado do governo da ex-presidenta Dilma Rousseff.

---

4. Sérgio Moro renunciou à pasta, acusando o Presidente de querer manipular a Polícia Federal. Disponível em: https://brasil.elpais.com/brasil/2020-05-05/sergio-moro-diz-que-bolsonaro-pressionou-por-troca-na-pf-quero-apenas-uma-superintendencia-a-do-rio-de-janeiro.html. Acesso em: 13 jul. 2020.

5. Disponível em: https://oglobo.globo.com/cultura/por-que-secretaria-especial-da-cultura-tem-sido-papel-mais-dificil-de-regina-duarte-24411015. Acesso em: 13 jul. 2020.

6. Disponível em: https://oglobo.globo.com/cultura/regina-duarte-leia-integra-do-discurso-de-posse-1-24285574. Acesso em: 13 jul. 2020.

Ela se desconcertou e disse não haver razão para pensar dessa forma, alegando que "a cultura estava acima de ideologias".

Com essa afirmação, Regina Duarte demonstrou não estar compreendendo, de forma complexa, o que é cultura e o que é ideologia. Primeiramente, desde Bakhtin [(1928) 1990], a filosofia da linguagem vem compreendendo que todo signo é ideológico, isto é, todo signo revela um posicionamento ideológico do sujeito que dele se vale. Segundo, se compreendermos, com Canclini (2005), cultura como processo de produção, circulação e consumo de sentidos e valores, não pode haver qualquer expressão cultural destituída de ideologia. Sendo assim, não é possível haver neutralidade ideológica nos processos culturais. Esse discurso na fala da secretária se relaciona intertextualmente com o discurso do governo sobre "escolas sem partido"; assim sendo, a cultura também não poderia ter partido. Como ela chega a afirmar mais adiante: "Eu acho que essa coisa de esquerda e de direita tão abaixo do patamar da cultura... Eu acho que a cultura é plural, é aberta para a humanidade".

Aproveitando o gancho, a jornalista Daniela Lima, também do estúdio, pergunta a Regina Duarte se não gostaria de fazer ao vivo alguma manifestação pela morte recente de alguns artistas, como Moraes Moreira, Rubem Fonseca, Aldir Blanc e Flávio Migliaccio, atendendo, assim, ao apelo da classe artística, que questionava o silêncio da então secretária. Essa responde que enviou uma mensagem pessoal às famílias, contradizendo-se logo após, ao revelar que não fizera qualquer manifestação porque desconhecia Aldir Blanc e compreendia que a Secult não deveria virar um "obituário".

Em seguida, Regina Duarte foi questionada por que, com os anos de carreira e com a experiência que tinha, optara por se filiar ao governo de Jair M. Bolsonaro, o qual critica e persegue sistematicamente a esquerda. O jornalista Daniel Adjuto lembra que a atriz Bete Mendes, uma colega de trabalho da Regina Duarte, fora torturada a mando de Carlos Alberto Brilhante Ustra, coronel homenageado pelo próprio Bolsonaro. A ex-secretária respondeu que acreditava em Bolsonaro como melhor opção para o país naquele momento e que não queria "olhar para trás". Ela chegou a dizer: "Eu não quero ficar olhando pra trás.... Tem que olhar pra frente, tem que ser construtivo, tem que amar o país". Vê-se, nessa fala, que o passado deve ser silenciado em favor do futuro do país. Trata-se de um discurso patriótico, de base conservadora, com valores que ressaltam a pátria, a ordem, o progresso, a família patriarcal e a moral cristã.

Regina Duarte criticou quem fica cobrando o que aconteceu nas décadas de 60, 70 e 80 do século passado. "Bola pra frente", foi o que disse. Para descontrair, canta e dança para Daniel Adjuto um trecho da canção "Pra Frente Brasil", composta por Miguel Gustavo para inspirar a seleção brasileira na Copa do Mundo FIFA de 1970. Essa intertextualidade expressa uma contradição grosseira: como defender "olhar pra frente", cantando uma música de 1970, que se afinava com o discurso patriótico que os militares sustentavam, num dos períodos mais sofridos da ditadura militar ("Brasil, ame-o ou deixe-o" era o lema dos militares e patriotas)?

Daniel Adjuto insistiu em retomar o assunto da ditadura militar, lembrando que muita gente havia morrido ou passado por sessões de tortura. Regina Duarte, continuando a expressar uma descontração forçada, respondeu: "Cara, na humanidade, não para de morrer. Se você falar vida, do lado tem morte". Acrescentou depois: "Sempre houve tortura", citando os casos de Stalin e Hitler. Ela asseverou: "não quero arrastar um cemitério de mortes nas minhas costas"... "Não vive quem fica arrastando cordéis de caixões". E arrematou com: "Eu acho que tem uma morbidez neste momento; o covid está trazendo uma morbidez insuportável, isso é perigoso para a cabeça das pessoas. Gente... não tá legal. Não tá legal".

Consideremos cada um desses argumentos. Primeiro, se o "olhar para frente" é exemplificado com um recuo a um passado de ditadura militar, a ex-secretária se trai ao deixar revelar sua adesão político--ideológica a um governo que cultiva esse mesmo passado militar, em que houve, como se sabe e se prova, muitas mortes e torturas, minimizando, com isso, o horror da ditadura militar. Para tanto, menciona Stalin, líder do governo comunista, e Hitler, líder do Partido

Nacional Socialista dos Trabalhadores Alemães, mais conhecido como Partido Nazista.

Esse argumento se cruza intertextualmente com o discurso do governo de que os comunistas mataram e torturaram muito mais que os militares. Esse mesmo discurso, maliciosamente, tenta fazer crer na mentira de que Hitler era socialista, mesmo que a própria Alemanha tenha se manifestado pública e contrariamente a essa interpretação. Com a citação dessas duas figuras de nossa triste história, o governo de Bolsonaro, no qual se encontrava Regina Duarte, tenta sustentar o discurso de que, em favor da pátria, devemos temer e combater a esquerda e o comunismo.

Ao dizer que "o covid" está trazendo uma morbidez insuportável e que isso não "tá legal", Regina Duarte deixa subentendido que a morbidez está na cabeça e na fantasia das pessoas. Há uma implicatura delicada e perigosa em sua fala: é como se esse momento de pandemia mundial não passasse de um alarme descabido por parte da população, um exagero, minimizando, assim, o sofrimento de inúmeras vítimas e familiares que perderam seus entes. Esse discurso também se encontra no mesmo campo daqueles produzidos pelo governo de Bolsonaro, que, preocupado mais com a economia do que com a vida dos brasileiros, subestima a pandemia, a fim de forçar os trabalhadores a retornarem a seus empregos.

Ao voltar a ser questionada sobre as medidas que a Secretaria estava tomando em favor do setor da cultura, neste contexto de pandemia, Regina Duarte repetiu que o governo estava concedendo um auxílio emergencial aos brasileiros — de forma geral — e não soube justificar por que não fazia uso do Fundo Nacional de Cultura, alegando mais uma vez que se tratava de uma questão de "burocracia". Mas que, para além disso, ela havia ligado pessoalmente para todos os governadores e para muitos prefeitos do país, pedindo para que fossem oferecidas cestas básicas aos artistas circenses. E ainda disse: "Eu me sensibilizei muito porque eu quis ser atriz nessa vida aos 6 anos de idade quando eu vi o meu primeiro circo".

Duas observações aqui são necessárias: pela quantidade de vezes que a atriz falou a palavra "burocracia" a fim de justificar a inação do governo para garantir os direitos da população brasileira, torna o vocábulo esvaziado de sentido e com baixo (ou nenhum) valor argumentativo. Leva-nos a pensar, inclusive, que está sempre procurando se justificar e retirar a responsabilidade do governo federal, culpabilizando a lentidão da burocracia estatal, em total dissociação de quem a executa, por tudo que acontece de errado ou deixa de acontecer no referido governo.

A outra questão se dá pelo foco único e afetuoso que a ex-ministra concedeu aos artistas do circo, e justificou isso ("porque") alegando que decidira ser atriz quando foi ao circo pela primeira vez. Sem querer negar a vulnerabilidade em que vivem os artistas circenses, chama-nos atenção essa política seletiva, haja vista que existem outros artistas que também vivem ou estão vivendo em situação de vulnerabilidade por conta da atual pandemia. Essa seletividade acontece, sobretudo, por questões pessoais, porque se trata de uma arte que ela admira, transformando, com isso, políticas públicas em preferências pessoais.

Ao final da entrevista, a jornalista Daniela Lima, do estúdio, pede para a ex-secretária responder ao apelo que a atriz Maitê Proença fez num pequeno vídeo, pedindo para Regina Duarte olhar e falar com os seus colegas de profissão. Antes que Regina Duarte esboçasse uma reação, o vídeo foi projetado aos telespectadores e foi retirado o som das imagens advindas do gabinete da secretária, de forma que víamos, lado a lado, na tela, a imagem de Maitê Proença com som e a imagem do gabinete, sem som.

Enquanto ouvíamos a mensagem de Maitê Proença, víamos que Regina Duarte gesticulava e falava nervosamente algo que não se fazia ouvir. Quando o vídeo chegou ao final e foi retirado da tela, o som da transmissão voltou ao gabinete e ouvimos Regina Duarte exclamar: "Precisei dar um chilique aqui". Em seguida disse: "Vocês estão desenterrando mortos. Vocês devem estar carregando um cemitério nas costas, devem estar cansados. Fiquem leves. Eu não quero arrastar um cemitério de mortos nas minhas costas... Sou leve, estou viva, estamos vivos, vamos ficar vivos". Depois disso, ela mesma decide encerrar a entrevista.

Em plena pandemia, quando estávamos assistindo à morte e ao enterro de milhares de pessoas, a ex-secretária de cultura utilizou a expressão "desenterrar mortos" para se referir a uma querela envolvendo ambas as atrizes. Ou seja, mais uma vez Regina Duarte tratou questões políticas e públicas como questões pessoais.

Últimas considerações, por ora

A Declaração Universal da Unesco sobre a Diversidade e a Convenção sobre a Proteção e Promoção da Diversidade de Expressões Culturais apontam para uma mudança de consciência política quanto aos Direitos Culturais, reconhecendo a natureza especial dos bens culturais e seu vínculo com o desenvolvimento das nações.

Na contramão disso, o atual governo brasileiro está sendo dirigido por um grupo de pessoas que, ao longo de suas histórias parlamentares, vêm detratando os Direitos Humanos e desrespeitando, sistematicamente, os princípios da DUDH e de todos os documentos assinados por todos os representantes da Organização das Nações Unidas, muitos, inclusive, ratificados pelo governo brasileiro. Não está sendo diferente, portanto, com os Direitos Culturais e sua (não) política específica. Lembremos que uma das primeiras medidas de Jair M. Bolsonaro ao assumir a presidência do país foi extinguir o MinC. Enquanto a Unesco compreende a cultura como elemento que promove o desenvolvimento das nações, o governo brasileiro atual entende a cultura como algo acessório e como gasto desnecessário.

A crise da cultura no Brasil foi agravada com a pandemia da covid-19. Os profissionais que sobrevivem dela, bem como toda a população brasileira, se viram obrigados a entrar em estado de quarentena desde meados de março deste ano, situação que se estende por quatro meses. No caso específico dos artistas e produtores culturais,

DIREITOS HUMANOS EM TEMPOS DE PANDEMIA DE CORONAVÍRUS

sem poderem sair de suas casas, muitos deles viram seus recursos minguando e começaram a passar necessidades. Outros têm tentado se reinventar e apostar nas apresentações em plataformas digitais, as chamadas *lives*, mas a maioria se encontra em situação de vulnerabilidade.

A análise crítica da entrevista que a ex-secretária especial da cultura concedeu ao canal CNN Brasil, quando o país estava começando a viver o pico da pandemia, com 615 mortos notificados[7], levou-nos a algumas conclusões:

1. O discurso da ex-secretária especial da cultura está inserido no mesmo campo discursivo alimentado pelo atual governo federal, que se caracteriza pelo compromisso com o mercado nacional e internacional, na contramão dos Direitos Humanos. Isso se reflete no total descaso com as políticas públicas, sobretudo, neste momento de pandemia. O silêncio da secretária nos dois primeiros meses de quarentena nacional foi um sintoma desse descaso.

2. A Secretaria Especial da Cultura exige uma competência que Regina Duarte não conseguiu demonstrar em seu discurso ao longo da entrevista. Nele, os conceitos de "cultura", "ideologia" e "burocracia" são esvaziados de significação, confundindo a linha argumentativa que a ex-secretária procurava, em vão, manter. Também é flagrante nesse discurso o caráter subjetivo, centrado no eu. A todo momento, em vez de focar nas demandas coletivas, como deveria fazer qualquer representante político, Regina Duarte chamava atenção para si mesma. Esse egocentrismo se irmana ao egocentrismo de todos os/as parlamentares que fazem parte da equipe do governo de Jair M. Bolsonaro[8].

---

7. Em julho de 2020, no momento em que escrevemos estas últimas linhas, estamos com o cômputo de 80.120 mortes no Brasil, segundo dados fornecidos pelo Ministério da Saúde. Presume-se que o número esteja maior, já que há estudos que apontam subnotificação dos casos de mortos e de infectados. Pelas estatísticas não oficiais, de cada 100 infectados no país, 1 pessoa está morrendo. Disponível em: https://brasil.elpais.com/brasil/2020-07-03/covid-19-mata-u-ma-de-cada-cem-pessoas-infectadas-no-brasil.html. Acesso em: 13 jul. 2020.

8. Exemplos da fala da ex-secretária: *"Eu* acho que essa coisa de esquerda e de direita tão abaixo do patamar da cultura"; *"Eu* acho que a cultura é plural, é aberta para a humanidade";

3. A nomeação de Regina Duarte, em março, e a do atual secretário, o ator Mário Frias, para assumir a Secretaria Especial de Cultura deu sinais de que o critério utilizado pelo Governo atual para nomear seus ministros e secretários não é o da competência, mas o da afinidade ideológica. Lembremos que a atriz Regina Duarte, assim como o ator Mário Frias e outras personalidades que fazem ou fizeram parte da equipe do governo, apoiaram ostensiva e calorosamente a campanha de Jair M. Bolsonaro para a presidência do Brasil. Tudo isso revela uma incapacidade da parte do Governo para lidar com a diversidade cultural do país.

Vê-se, assim, que o governo de Jair M. Bolsonaro não vincula a cultura ao desenvolvimento da nação e, por isso, não tem interesse em construir uma política cultural que atenda aos Direitos Culturais previstos nos documentos mencionados neste artigo. Para esse governo, a cultura se restringe ao "pum do palhaço", nada mais.

No entanto, vale mencionar que, no Congresso, forças de oposição se mobilizaram para aprovar o Projeto de Lei n. 1.075/2020, também conhecido como Lei Aldir Blanc, de autoria da deputada Benedita da Silva (PT-RJ) e de outros 23 deputados, que prevê o repasse de R$ 3 bilhões do Fundo Nacional da Cultura para o setor, como auxílio emergencial em razão da pandemia. O projeto foi aprovado na Câmara e no Senado, e o Executivo teve, assim, de sancioná-lo. Uma vitória da ala progressista do Congresso, a qual procura defender uma política social que atenda a todas e todos, na salvaguarda dos direitos humanos e na contramão da ideologia neoliberal.

"*Eu* não quero ficar olhando pra trás; "[*Eu*] Não quero arrastar um cemitério de mortes nas minhas costas"; "*Eu* acho que tem uma morbidez neste momento; o covid está trazendo uma morbidez insuportável, isso é perigoso para a cabeça das pessoas. Gente... não tá legal. Não tá legal"; "*Eu* me sensibilizei muito [com a situação dos artistas circenses] porque *eu* quis ser atriz nessa vida aos 6 anos de idade quando eu [*eu*] vi o *meu* primeiro circo" etc. (grifo nosso)

REFERÊNCIAS

BAKHTIN, Mikhail. *Marxismo e filosofia da linguagem*. São Paulo: Hucitec, [1928] 1990.

BOURDIEU, Pierre. *A economia das trocas simbólicas*. São Paulo: Perspectiva, 1982.

BRASIL. Pacto Internacional sobre Direitos Econômicos, Sociais e Culturais. *Decreto n. 591*, de 6 de julho de 1992. Disponível em: http://www.planalto.gov.br/ccivil_03/decreto/1990-1994/d0591.htm. Acesso em: 21 jul. 2020.

BRASIL. Pacto Internacional sobre Direitos Civis e Políticos. *Decreto n. 592*, de 6 de julho de 1992. Disponível em: http://www.planalto.gov.br/ccivil_03/decreto/1990-1994/D0592.htm. Acesso em: 21 jul. 2020.

BRASIL. Convenção sobre a Proteção e Promoção da Diversidade das Expressões Culturais. *Decreto n. 6.177*, de 1º de agosto de 2007. Disponível em: http://www.planalto.gov.br/ccivil_03/_ato2007-2010/2007/decreto/d6177.htm. Acesso em: 21 jul. 2020.

CANCLINI, Nestor Garcia. *Diferentes, desiguais e desconectados*. Rio de Janeiro: Editora UFRJ, 2005.

FAIRCLOUGH, Norman. *Discurso e mudança social*. Brasília: Editora da UnB, 2001.

FAIRCLOUGH, Norman. Análise crítica do discurso como método em pesquisa social científica. *Linha d'Água*, São Paulo, n. 25 (2), USP, 2012, p. 307-329.

MACHADO, Bernardo Novais da Mata. Os direitos culturais na Constituição Brasileira: uma análise conceitual e política. *In*: CALABRE, Lia (org.). *Políticas culturais*: teoria e práxis. São Paulo: Itaú Cultural; Rio de Janeiro: Fundação Casa de Rui Barbosa, 2011.

MORAIS, Raissy Kelly da S. *Direitos culturais e equidade de gênero*: um diálogo com mulheres nos pontos de cultura do Recife. 132f. Dissertação (Mestrado em Direitos Humanos) — Universidade Federal de Pernambuco, Recife, 2019.

ONU — Organização das Nações Unidas. Declaração Universal dos Direitos Humanos da ONU. Rio de Janeiro, UNIC, 2009. Disponível em: https://nacoesunidas.org/wp-content/uploads/2018/10/DUDH.pdf. Acesso em: 21 jul. 2020.

ONU — Organização das Nações Unidas. Declaração sobre os Direitos das Pessoas Pertencentes a Minorias Nacionais, Étnicas, Religiosas e Linguísticas, 1992. Disponível em: https://www.ohchr.org/EN/ProfessionalInterest/Pages/Minorities.aspx. Acesso em: 21 jul. 2020.

UNESCO — Organização das Nações Unidas para a Educação, a Ciência e a Cultura. Recomendação sobre o Status de Artista, 1980. Disponível em: http://portal.unesco.org/en/ev.php-URL_ID=13138&URL_DO=DO_TOPIC&URL_SECTION=201.html. Acesso em: 21 jul. 2020.

UNESCO — Organização das Nações Unidas para a Educação, a Ciência e a Cultura. Recomendação sobre a Participação dos Povos na Vida Cultural, 1976. Disponível em: http://portal.unesco.org/en/ev.php-URL_ID=13097&URL_DO=-DO_TOPIC&URL_SECTION=201.html. Acesso em: 21 jul. 2020.

UNESCO — Organização das Nações Unidas para a Educação, a Ciência e a Cultura. Declaração Universal sobre a Diversidade Cultural, 2001. Disponível em: http://www.unesco.org/new/fileadmin/MULTIMEDIA/HQ/CLT/diversity/pdf/declaration_cultural_diversity_pt.pdf. Acesso em: 21 jul. 20.

UNESCO — Organização das Nações Unidas para a Educação, a Ciência e a Cultura. Declaración de México sobre las Políticas Culturales, 1982. Disponível em: https://culturalrights.net/descargas/drets_culturals400.pdf. Acesso em: 21 jul. 2020.

UNESCO — Organização das Nações Unidas para a Educação, a Ciência e a Cultura. Recomendação sobre a Salvaguarda da Cultura Tradicional e Popular, 1989. Disponível em: http://portal.unesco.org/en/ev.php-URL_ID=13141&URL_DO=DO_TOPIC&URL_SECTION=201.html. Acesso em: 21 jul. 2020.

4

O relatório da Conferência Internacional sobre População e Desenvolvimento (Cairo, 1994) e a covid-19

Jayme Benvenuto Lima Júnior
Alex Bruno Feitoza Magalhães
Bruna Virginia Andrade de Almeida Arruda

Introdução

Este capítulo tem por base o Relatório da Conferência Internacional sobre População e Desenvolvimento (Cairo, 1994) em vinculação com os acontecimentos atuais relacionados à pandemia da covid-19. O referido relatório aborda questões emergentes no contexto da arquitetura internacional pós-conflitos bélicos mundiais do século XX, cuja pretensão era estabelecer uma nova ordem internacional, capaz de produzir normativa e meios de coordenação de políticas nacionais, tendo como finalidade o alcance da paz. É objetivo deste trabalho demonstrar como as ideias constantes do relatório têm sido alvo de grupos nacionais e internacionais, com a finalidade de desacreditar o sistema internacional, acusado de promover o "globalismo" em detrimento dos interesses nacionais. O capítulo conclui com uma reflexão, com base em notícias contemporâneas veiculadas na mídia, a respeito de como os movimentos conservadores nacionais têm se organizado para atacar o sistema internacional.

A Conferência do Cairo em perspectiva histórica

A Organização das Nações Unidas tem promovido, desde a sua criação, diversas conferências internacionais com a finalidade de debater e condicionar políticas internacionais e nacionais em matérias emergentes. Entre as principais conferências promovidas no âmbito global estão as seguintes: Meio Ambiente (1972, 1992, 2002, 2015); População e Desenvolvimento (1974, 1984, 1994); Direitos Humanos (1968, 1993); Racismo (2001); Mulheres (1995).

Muitas dessas conferências contam com planos de ação que buscam contribuir para que se coloquem em prática os direitos que declaram, lastreando-se na ideia de que os instrumentos internacionais, os mecanismos, os recursos e o monitoramento de metas devem andar juntos para a consecução dos direitos humanos. Essa compreensão corrobora o entendimento de que não é suficiente a declaração de direitos, seja no plano internacional, seja no nacional. Ainda que não dotados de coercitividade, os planos de ação geram compromissos internacionais, vindo a estimular os Estados a cumprirem as recomendações do sistema internacional.

A Conferência sobre População e Desenvolvimento visava estabelecer a interdependência entre conceitos como população, pobreza, demografia, sustentabilidade, sistemas de produção, meio ambiente e direitos sexuais e reprodutivos, com significativas contribuições referentes ao tratamento dessas questões.

Ao relacionar esses elementos, o Relatório da conferência expõe a compreensão de que para que o sistema internacional seja capaz de apresentar soluções, será necessário estabelecer um crescimento econômico sustentado; mobilizar recursos financeiros e humanos para a solução global dos problemas; preocupar-se com as dificuldades econômicas e ambientais enfrentadas pelos países em desenvolvimento; frear a degradação ambiental sem precedentes das últimas décadas (sobretudo em referência a sistemas não sustentáveis de produção e consumo), diante do crescimento demográfico e do aumento da desigualdade social e econômica, bem como da necessidade de ampliar a cooperação internacional para resolver os problemas internacionais.

De acordo com o Relatório, em 1994 a população mundial era estimada em 5,6 bilhões de habitantes. Em 2020, a população do planeta é estimada em 7,5 bilhões de habitantes. Em 26 anos, entre 1994 e 2020, o crescimento populacional foi de quase 2 bilhões de habitantes. Estimava-se, em 1994, que o mundo tivesse entre 7,9 bilhões e 9,8 bilhões de habitantes em 2050. A nossa compreensão é de que teremos muito mais habitantes no planeta, uma vez que em 2020 já são 7,5 bilhões de habitantes.

O Relatório de 1994 apresenta como indicadores de necessidade a ampliação do acesso aos serviços de saúde reprodutiva, o planejamento familiar e de saúde sexual, com vistas à redução das taxas de natalidade e de mortalidade; a elevação dos níveis de educação e de renda e a adoção de programas de inclusão de mulheres no mercado de trabalho. Todas essas questões, para que sejam equacionadas, frise-se mais uma vez, estão conectadas.

Relevante papel é atribuído ao conceito de crescimento econômico sustentado e de progresso social, com oportunidades iguais para as pessoas, reconhecendo-se a responsabilidade dos países desenvolvidos na redução dos desequilíbrios em benefício dos países periféricos. Essa visão atribui um tratamento humanista para a questão do desenvolvimento, até então abordada apenas em sua dimensão econômica.

Destaca-se como importante, para o alcance de um desenvolvimento sustentável relacionado com o controle populacional, a necessidade de atenção à situação da mulher, estabelecendo-se garantias para que tenha o controle de sua fertilidade, definindo-se medidas para a promoção da igualdade de gênero, da saúde reprodutiva, de planejamento familiar e de capacitação da mulher para o mercado de trabalho. Historicamente, as mulheres têm sido alijadas do processo de desenvolvimento, mostrando-se necessária sua integração à economia em bases sustentadas, com ênfase na sua inclusão no mercado de trabalho e no estabelecimento de tratamento salarial equitativo.

Discute-se no Relatório a deficiência no enfrentamento pelos governantes das dificuldades econômicas e ambientais que desafiam sobretudo os países em desenvolvimento. Ganha relevância a forte presença da pobreza extrema nos países não desenvolvidos, nela consideradas as pessoas que vivem com o equivalente a US$ 1,90 ao dia (Banco Mundial, 2018). A manutenção de um sistema de consumo e produção não sustentáveis, somada a uma degradação ambiental sem precedentes, coloca no centro do debate o modelo de desenvolvimento econômico em atividade e o papel desempenhado pelos países desenvolvidos na modificação desse modelo, revelando ser imperativa a cooperação internacional na solução de problemas de escala mundial.

Tratando-se de um documento orientador, o Relatório aponta a necessidade da adoção de políticas populacionais de apoio ao planejamento familiar, com vistas a impedir que o crescimento populacional desenfreado cause impactos negativos na economia, ressaltando o fato de que o aumento da desigualdade social e econômica tem efeitos diretos no crescimento demográfico. Não é por acaso que a sociedade está precisando pôr em prática um distanciamento social. Em que pese a necessidade humana de se conectar com o outro, está-se diante de uma superexposição humana, sem que haja estrutura para lidar com as consequências para o planeta decorrentes do crescimento demográfico desenfreado.

Nessa conjuntura, o surgimento do novo coronavírus e a classificação da covid-19 como enfermidade epidêmica amplamente disseminada retratam a necessidade de uma diretriz internacional, que constitua como meta a mobilização de recursos humanos e financeiros e o estabelecimento de políticas socioeconômicas para a solução de questões que transcendem fronteiras. O enfrentamento dessa crise de saúde mundial ressalta a importância do plano de ação estabelecido no Relatório da Conferência do Cairo, principalmente no tocante ao controle demográfico, considerando a impossibilidade de uma vida sustentável com um crescimento populacional desenfreado, tanto em termos ambientais quanto de espaço territorial, tratando-se, pois, de enorme emergência a busca de soluções coletivas para essa grave questão sanitária.

A emergência do sistema internacional global

Conforme expresso na parte anterior deste capítulo, o Relatório da Conferência Internacional sobre População e Desenvolvimento (PATRIOTA, 1994) demonstra o desafio do sistema internacional vigente para fazer com que a interdependência entre a população global, a pobreza, os sistemas de produção e de consumo, o desenvolvimento e o meio ambiente encontrem uma solução a contento. O maior problema encontra-se, em primeiro lugar, na conexão dos obstáculos identificados pelo Relatório com o sistema econômico vigente, pouco afeito a aceitar limites na produção. Em segundo lugar, podemos identificar o aumento exponencial da população do planeta, nas últimas décadas, como uma das maiores dificuldades a serem enfrentadas, num contexto de ressignificação das religiões, por sua vez muito apegadas à ideia milenar de "crescei e multiplicai".

O surgimento do novo coronavírus — SARS-CoV-2 — entre o final de 2019 e o início de 2020, deixou a descoberto todas as questões que se encontravam escondidas no Relatório de 26 anos antes. Pode-se afirmar que o Relatório das Nações Unidas é do conhecimento de agentes que atuam profissionalmente em questões internacionais e de algumas lideranças nacionais preocupadas com o que se discute e decide no campo internacional. A principal questão que emerge do Relatório é a percepção de que não há como termos vida sustentável no planeta com o crescimento populacional nos termos atualmente verificados.

Tendo os elementos anteriores como premissa para o debate em torno dos desafios postos pelo Relatório, torna-se mandatório especular a respeito de pelo menos dois cenários que se antagonizam no plano internacional. O primeiro deles diz respeito a uma visão crítica ao internacionalismo, comumente identificada pejorativamente como globalismo. O segundo cenário refere-se a uma visão favorável ao controle dos problemas internacionais por parte de organismos internacionais e compreende a manutenção ou mesmo o fortalecimento da atual arquitetura internacional.

A disputa que hoje assistimos tem estado muito impactada pela visão conservadora cujos maiores expoentes são Donald Trump, presidente dos Estados Unidos, e Jair Bolsonaro, presidente do Brasil. Aparentemente, o sistema internacional não está conseguindo reagir aos ataques ao próprio sistema internacional, representados pela denúncia de tratados internacionais e pela retirada de organizações internacionais com base no discurso de que a ONU seria um organismo comunista, muitas vezes acusado de ser controlado pela China. Nada mais falso, uma vez que os pilares do sistema internacional global, surgido no século XX, são liberais, goste-se ou não.

Em 1919, o Presidente dos Estados Unidos, Woodrow Wilson, apresentou uma proposta para a criação de uma « Sociedade das Nações»(sdn). Era sua intenção instituir uma nova ordem internacional que, alicerçada nos então novos conceitos de cooperação internacional e de autodeterminação, pusesse a guerra fora da lei, fosse capaz de assegurar uma paz justa e duradoura, através da negociação permanente e da elaboração de leis internacionais que garantissem não apenas um novo equilíbrio entre os antigos beligerantes, mas algo que até então nunca tinha sido experimentado. (Teixeira; Castaño, 2019)

A instituição da nova ordem internacional, que apenas se concretiza com o final da Segunda Guerra Mundial, assentava-se na lógica do equilíbrio de poder, conceito muito caro ao realismo, mas também na redução do conflito e da anarquia internacionais, ideias caras ao liberalismo, instituindo-se assim um sistema de responsabilidade global orientado a evitar o recurso à força, como era a prática até então vigente. O novo sistema internacional foi consagrado, no entendimento de Mónica Dias (2019),

> se considerarmos a expansão dos interesses dos Estados Unidos no mundo — mas, por essa via, também a expansão do institucionalismo e da criação de organizações internacionais globais, da afirmação do princípio da autodeterminação a par da ideia da liberdade dos mares e do comércio livre, do crescimento econômico e do desenvolvimento científico, da difusão dos direitos humanos ou ainda das diferentes vagas de democratização em todo o mundo. (Dias, 2019)

Só é possível entendermos o sistema inaugurado com o Tratado de Versalhes, embora inicialmente estabelecido de forma precária no âmbito da Sociedade das Nações, com base em dispositivos relacionados com as ideias de soberania popular e a autodeterminação dos povos. "É nesta tradição que a fórmula de Wilson deve ser entendida quando se refere aos 'interesses das populações em jogo', as quais deverão ter 'o mesmo peso que as reivindicações equitativas do governo'" (Teixeira, 2019), vindo a estabelecer a continuação da ordem por meios mais "humanizados" com o tom liberal-idealista. (Mendes, 2019)

Conforme Dias ressalta, Wilson declarava, quando da criação do sistema internacional global, que a América estava disposta a "assumir o seu papel no mundo" (Dias, 2019). Como temos presenciado, o sistema internacional global, instituído no contexto do fortalecimento do poder norte-americano no mundo, tem sido alvo de críticas e ataques que provêm de setores sociais dentro dos próprios Estados Unidos, e reverberam sobre setores sociais em outras partes do mundo.

> Parece assim irônico que em 2019, justamente cem anos após a apresentação por parte do Presidente americano Thomas Woodrow Wilson de uma proposta para uma "Sociedade das Nações" — pautada pela ideia de uma "segurança coletiva" (*avant la lettre*) e de um mecanismo de resolução de conflitos através da permanente negociação e cooperação sustentada por regras e leis internacionais —, se pretenda regressar a um isolacionismo pré-moderno que, curvando-se sob um provincianismo profundo, nega a essência do americanismo e, assim, de um século genuinamente americano. (Dias, 2019)

Se à época era a "grandeza americana" (Dias, 2019) que impulsionava para a construção de uma ordem internacional com certo grau de transparência, atualmente parece ser a fragilidade norte-americana que faz com que setores das sociedades contemporâneas, sobretudo nos Estados Unidos, já não mais queiram apostar no sistema. É justo considerar que mesmo à época da instituição do sistema internacional global eram fortes as resistências, nos Estados Unidos, ao modelo wilsoniano, o que fez com que o tratado da Sociedade das Nações nunca tenha sido ratificado por aquele país. Por falta de apoio político por parte de estados importantes, num contexto de disputas abertas pelo controle do sistema, adveio a Segunda Guerra Mundial, que enterrou a Sociedade das Nações.

Os ataques ao sistema internacional no Brasil: "isso é coisa do globalismo comunista"

Passaram-se 26 anos desde a Conferência Internacional sobre População e Desenvolvimento (CIPD). O evento foi considerado o maior deste nível sobre temas relativos às questões populacionais, com a participação de 11 mil pessoas, entre representantes das Nações Unidas, representantes de governos, de organizações não governamentais e dos meios de comunicação (Patriota, 1994).

A pandemia da covid-19 tem aflorado a contemporaneidade do relatório, ao desvelar os avanços e os retrocessos das discussões inauguradas na conferência (1994). Nunca foi tão frequente a utilização do termo *"globalismo"* entre os integrantes do governo brasileiro. Na disputa de narrativas em curso, apresentaremos quatro notícias veiculadas na mídia recentemente.

A primeira notícia trata sobre a questão do "globalismo", pelo Ministro das Relações Exteriores do Brasil. *O Globo* (2020) ressalta:

> Ministro faz críticas à China e diz que filósofo Slavoj Zizek mostra que "globalismo" substitui o socialismo como estágio preparatório ao comunismo. O chanceler Ernesto Araújo postou em seu blog pessoal, [...] um longo texto no qual denúncia um "plano comunista" que iria tirar proveito da pandemia de Covid-19 para implementar sua ideologia por meio de organizações internacionais como a Organização Mundial da Saúde. A coordenação Global realizada pela OMS para fazer frente à crise, segundo ele, de um "projeto globalista". [..] diz que o medo causado pela nova doença "nos faz despertar novamente para o pesadelo comunista", projeto que já havia se executando no climatismo ou alarmismo climático, da ideologia de gênero, do dogmatismo politicamente correto, do imigracionismo, do racialismo, do antinacionalismo, do cientificismo". [...] e que há um "jogo comunista-globalista" para "subverter a democracia liberal e a economia de mercado, escravizar o ser humano e transformá-lo em um autônomo desprovido de dimensão espiritual, facilmente controlável". covid-19: Ernesto Araújo denúncia "comunavírus" e ataca OMS, 29 de abril 2020.

Na notícia, o ministro reforça o enquadramento do termo globalismo, enquanto "plano comunista", por meio do qual a Organização Mundial da Saúde tiraria proveito político da pandemia. O discurso do ministro coloca em xeque a importância de ações estabelecidas pela

OMS, que seguem o código internacional, definindo a "saúde humana como roteiro de políticas eficazes de desenvolvimento sustentável" (Patriota, 1994). A afirmação do ministro brasileiro de colocar dúvida sobre a letalidade da crise sanitária global provocada pelo coronavírus alcança ares de tragicomédia ao classificá-la como "comunavírus".

De acordo com Pena (2019, p. 382), o termo globalismo "não possui um significado definido, sendo assim um termo vago o qual pode ser utilizado e preenchido de diversas formas". O termo foi inserido como fator principal do discurso da "nova" extrema direita brasileira, emulada pela estadunidense. O termo é desenvolvido "como um modo de delimitar um *outro* inimigo, um posicionamento a se combater" (p. 383, grifo da autora).

Segundo Pena (2019):

> [...] o globalismo enquanto slogan político do pensamento político brasileiro de extrema direita foi introduzido por Olavo de Carvalho, diretamente influenciado pelo pensamento conservador estadunidense dos anos 1980-1990, sendo parte da tese do marxismo cultural. Potencializado enquanto parte de um movimento político pela *alt-right* de Donald Trump e Steve Banon, o termo globalismo surgiu com considerável força discursiva no cenário brasileiro do governo Jair Bolsonaro, influenciado pelo pensamento de Olavo de Carvalho, assim como pelos Estados Unidos de Donald Trump e pelas articulações de Steve Bannon (Pena, 2019, p. 384).

De acordo com Joseph Nye, o termo globalismo — enquanto slogan político — "tem sido usado por líderes nacionalistas-populistas para condenar elites envolvidas em negócios globais, como comércio e instituições internacionais" (Nye *apud* Gragnani, 2019). O termo se diferencia de globalização em referência a "[..] processos que promovem a interconexão internacional, [...] aumentando os fluxos de comércio, investimento e comunicação entre nações" (Hirst; Thompsom, 2002, p. 247) e globalidade enquanto "uma realidade mais dura, uma sociedade mundial irreversível, multidimensional, policêntrica, contingente e política" (Back, 1999 *apud* Costalonga; Preussler, 2018, p. 60).

DIREITOS HUMANOS EM TEMPOS DE PANDEMIA DE CORONAVÍRUS

A segunda notícia trata da recusa do Itamaraty para a renovação da relatoria da ONU que criticou a atuação do presidente Jair Bolsonaro, frente à pandemia da covid-19.

> O Itamaraty votou contra a renovação do mandato de uma relatoria da ONU que criticou a forma pela qual o Brasil lidou com a pandemia. [...] A nota dos relatores que tanto irritou o governo declarava: "as políticas econômicas e sociais irresponsáveis do Brasil colocam milhões de vidas em risco". A crítica ocorre depois que uma série de instituições brasileiras recorreram às Nações Unidas para denunciar a postura do Presidente Jair Bolsonaro, que optou por ignorar as recomendações da OMS. [...] Os relatores ainda condenaram a política de colocar a "economia acima da vida", apesar das recomendações de direitos humanos e da Organização Mundial da Saúde. "Economia para quem?", questionaram. "Não pode se permitir colocar em risco a saúde e a vida da população, inclusive dos trabalhadores da saúde, pelos interesses financeiros de uns poucos" (UOL, 2020).

Nesta notícia, o Itamaraty critica a relatoria da ONU em relação às medidas do governo brasileiro consideradas irresponsáveis no combate à covid-19. Sobre a assistência primária à saúde e ao setor de assistência, o relatório da CIPD preconiza "aumentar a acessibilidade, a disponibilidade, a aceitabilidade e permissibilidade de serviços e facilidades de assistência à saúde, [...] e prover acesso à assistência básica de saúde para todos" (Patriota, 1994, p. 72). O presidente Jair Bolsonaro passa a naturalizar a convivência com o vírus, pondo as pautas econômicas acima das medidas de prevenção à covid-19. Nesse sentido, observa-se a minimização dos efeitos da pandemia.

Na terceira notícia observamos a negação de direitos aos povos indígenas.

> Bolsonaro veta obrigatoriedade de fornecer água, comida e leitos para índios. O Presidente Jair Bolsonaro sancionou, com muitos vetos, a lei que define medidas para combater o avanço do novo coronavírus entre

indígenas, quilombolas e comunidades tradicionais. Bolsonaro vetou obrigações do Poder Público com esses povos durante a pandemia, como garantir o acesso à água potável, distribuir gratuitamente materiais de higiene, de limpeza e de desinfecção das aldeias, e ofertar leitos hospitalares e de unidade de terapia intensiva (UTI) e ventiladores e máquinas de oxigenação sanguínea. Para vetar esses trechos a Presidência alegou que as propostas instituem obrigação ao Poder Executivo e cria despesa obrigatória ao Poder Público, sem apresentar o demonstrativo do respectivo impacto orçamentário e financeiro. Segundo dados da entidade Articulação dos Povos Indígenas do Brasil (Apib), mais de 10 mil casos de covid-19 foram confirmados entre indígenas, até o último dia 2, com 408 mortes (*IstoE*, 2020).

O relatório da CIPD destaca "o objetivo da Década, que é o fortalecimento da cooperação internacional para a solução de problemas enfrentadas pelos povos indígenas em áreas como direitos humanos, meio ambiente, desenvolvimento, educação e saúde" (Patriota, 1994, p. 60). No âmbito das ações a serem adotadas, o relatório da CIPD destaca:

> Os governos e outras importantes instituições da sociedade devem *reconhecer a perspectiva característica do povo indígena sobre aspectos de população e desenvolvimento e, em consulta com o povo indígena* e em colaboração com organizações não-governamentais e intergovernamentais interessadas, devem atender as suas necessidades específicas, inclusive a necessidade de *assistência primária à saúde* e de serviços de saúde reprodutiva. Todas as violações de direitos humanos e discriminação, especialmente todas as formas de coerção devem ser eliminadas (Patriota, 1994, p. 61, grifo nosso).

Ao passo que a presidência veta a garantia de acesso à água potável e a distribuição de materiais de limpeza/desinfecção das aldeias, um dos objetivos da CIPD é "assegurar que os povos indígenas disponham de serviços relacionados com população e desenvolvimento que considerem social, cultural e ecologicamente apropriados" (Patriota, 1994, p. 61).

A quarta e última notícia trata sobre a agenda ultraconservadora do Brasil no âmbito da Organização das Nações Unidas (ONU). Trata-se de ação contra a inclusão do termo "saúde sexual e reprodutiva" em resolução contra a mutilação genital feminina.

> Cruzada ultraconservadora do Brasil na ONU afeta até resolução contra mutilação genital feminina. Após se aliar a Arábia Saudita contra inclusão de educação sexual em resolução, delegação brasileira veta expressão "saúde reprodutiva" em texto contra ablação, isolando o país. [...] em resolução na ONU contra a discriminação de mulheres e meninas, agora se opõe a citar "saúde sexual e reprodutiva" num texto proposto por países africanos para banir a mutilação genital feminina. [..] a conduta do Itamaraty vem sendo de pedir exclusão de qualquer referência a saúde das mulheres à "saúde sexual e reprodutiva". [...] Num outro trecho, o Brasil apoiou Afeganistão e Nigéria ao questionar uma referência no texto "outros fatores de identidade". A postura do Itamaraty de aproximação aos Governos mais conservadores tem sido alvo de polêmicas dentro da ONU, que considerava o Brasil como um dos aliados tradicionais no avanço dos direitos das mulheres (*El País*, 2020).

Diante dessas notícias, observa-se uma série de ataques conservadores que buscam a implementação de uma agenda neoliberal no Brasil, a qual assume contornos que tem por finalidade a eleição de um inimigo comum, sob o devaneio de ser um "plano comunista" da Organização das Nações Unidas (ONU). Essa situação nos leva a refletir sobre de que maneira a arquitetura internacional vigente, instituída com base nos preceitos "liberais", irá resistir a esses ataques.

Esta última notícia também demonstra a contemporaneidade do relatório da CIPD em relação aos direitos das mulheres:

> A partir da Conferência Internacional sobre População e Desenvolvimento, as políticas e os programas de população deixaram de centrar-se no controle do crescimento populacional como condição para melhoria da situação econômica e social dos países, e passaram a *reconhecer o pleno exercício dos direitos humanos e a ampliação dos meios de ação da mulher como*

fatores determinantes de qualidade de vida dos indivíduos. Nesta perspectiva, delegados de todas as regiões e culturas concordaram que *a saúde reprodutiva é um direito humano e um elemento fundamental da igualdade de gênero* (Patriota, 1994, p. 34, grifos nossos).

Diante da mudança de paradigma, a comunidade internacional deliberou três metas a serem alcançadas até 2015: a) a redução da mortalidade infantil e materna; b) o acesso à educação, especialmente para as meninas; c) o acesso universal a ampla gama de serviços de saúde reprodutiva, incluindo o planejamento familiar (Patriota, 1994). O relatório da CIPD faz menção à atuação do Brasil, "essencial antes e durante a formulação do Programa de Ação do Cairo. Além disso, temos nos beneficiado dos debates e conquistas da Conferência para fortalecer as posições internas *sobre direitos e a saúde sexual e reprodutiva*" (1994, p. 35, grifo nosso).

Segundo Patriota (2014), mesmo com avanços conquistados a partir do Cairo, as ações não foram implementadas sem resistências. São dois os obstáculos a serem superados: "o aporte insuficiente de recursos e o movimento crescente de setores conservadores, contrários aos princípios acordados em 1994" (Patriota, 2014, p. 35). O Estado brasileiro, mancomunado com a agenda da nova extrema direita estadunidense, transforma-se em um perigoso inimigo dos/para os direitos das mulheres.

Entendemos que a globalização econômica exerce papel fundamental para a divisão do trabalho e o livre comércio. O ataque à agenda global representa um retrocesso em relação ao que foi conquistado à custa de muitas vidas ao longo do século XX.

Conclusão

Este capítulo chamou a atenção para a contribuição do Relatório da Conferência Internacional sobre População e Desenvolvimento

(Cairo, 1994) em relação à pandemia da covid-19. Conforme aqui apontado, o relatório das Nações Unidas aborda questões emergentes no contexto da arquitetura internacional pós-conflitos bélicos mundiais do século XX. Conforme demonstrado, as ideias constantes do relatório têm sido alvo de grupos nacionais e internacionais, com a finalidade de desacreditar o sistema internacional, acusado de promover o "globalismo", em detrimento dos interesses nacionais. O capítulo conclui com essa reflexão, com base em notícias contemporâneas veiculadas na mídia, a respeito de como os movimentos conservadores nacionais têm se organizado para atacar o sistema internacional.

REFERÊNCIAS

BACK, Ulrich. *O que é globalização?* Equívocos do globalismo e resposta à globalização. São Paulo: Editora da Unesp, 1999.

BANCO Mundial: quase metade da população global vive abaixo da linha da pobreza. *Nações Unidas Brasil,* 2018. Disponível em: https://nacoesunidas.org/banco-mundial-quase-metade-da-populacao-global-vive-abaixo-da-linha-da-pobreza/. Acesso em: 05 jul. 2020.

CHADE, Jamil. Cruzada conservadora do Brasil na ONU afeta até resolução contra mutilação genital feminina. *El País,* 8 jul. 2020. Disponível em: https://brasil.elpais.com/brasil/2020-07-09/cruzada-ultraconservadora-do-brasil-na-onu-afeta-ate-resolucao-contra-mutilacao-genital-feminina.html. Acesso em: 10 jul. 2020.

CHADE, Jamil. Itamaraty vota contra renovar relatoria na ONU que criticou Bolsonaro. *UOL,* São Paulo, 19 jun. 2020. Disponível em: https://noticias.uol.com.br/colunas/jamil-chade/2020/06/19/itamaraty-vota-contra-renovar-relatoria-na-onu-que-criticou-bolsonaro.htm. Acesso em: 06 jul. 2020.

COSTALONGA, Luana; PREUSSLER, Gustavo. O que é globalização — Equívocos do globalismo e resposta à globalização (Ulrich Beck). *Conhecimento Interativo,* São José dos Pinhais, v. 12, n. 2, p. 52-69, jul/dez. 2018.

DIAS, Mónica. Sobre a "grandeza" americana. O legado de Woodrow Wilson e a urgência de um novo internacionalismo. Do Tratado de Versalhes à Crise do Internacionalismo Liberal. Ecos e reflexos do internacionalismo e da ideia wilsoniana de autodeterminação na política externa portuguesa. *Relações Internacionais.* Setembro, 2019, 63, p. 009-025.

ESTADÃO CONTEÚDO. Bolsonaro veta obrigatoriedade de fornecer água, comida e leitos para índios. *IstoÉ,* 8 jul. 2020. Disponível em: https://istoe.com.br/bolsonaro-veta-obrigatoriedade-de-fornecer-agua-comida-e-leitos-para-indios/. Acesso em: 8 jul. 2020.

GRAGNANI, Juliana. O que é "globalismo", termo usado pelo novo chanceler brasileiro e por Trump? *BBC News Brasil,* 3 fev. 2019. Disponível em: https://www.bbc.com/portuguese/internacional-46786314. Acesso em: 7 jul. 2020.

HIRST, P.; THOMPSON, G. The future of globalization. *Cooperation and Conflict,* London, v. 37, n. 3, p. 247-265, 2002.

MENDES, Nuno Canas. Do Tratado de Versalhes à Crise do Internacionalismo Liberal. Ecos e reflexos do internacionalismo e da ideia wilsoniana de autodeterminação na política externa portuguesa. *Relações Internacionais*, n. 63, p. 27-38, set. 2019.

O GLOBO. Covid-19: Ernesto Araújo denuncia comunavírus e acata OMS. *O Globo,* Rio de Janeiro, 22 fev. 2020. Disponível em: https://oglobo.globo.com/mundo/covid-19-ernesto-araujo-denuncia-comunavirus-ataca-oms-24387155. Acesso em: 4 jul. 2020.

ONU. População mundial deve chegar a 9,7 bilhões de pessoas em 2050, diz relatório da ONU. *Nações Unidas Brasil,* 2019. Disponível em: https://nacoesunidas.org/populacao-mundial-deve-chegar-a-97-bilhoes-de-pessoas-em-2050-diz-relatorio-da-onu/. Acesso em: 5 jul. 2020.

PATRIOTA, Tania. Relatório da Conferência Internacional sobre População e Desenvolvimento: Plataforma do Cairo, 1994. *In:* FROSSARD, H. (org.). *Instrumentos Internacionais de direitos das mulheres.* Brasília: Secretaria Especial de Políticas para Mulheres, 2006. p. 33-137.

PENA, Lara Pontes Juvencio. "Globalismo": o discurso em política internacional sob a ideologia da nova extrema direita brasileira. *Fronteira:* Revista de Iniciação Científica em Relações Internacionais, Minas Gerais, v. 18, n. 36, p. 371-386, set. 2019.

PIOVESAN, Flávia. *Direitos humanos e o direito constitucional internacional*. São Paulo: Saraiva, 2012.

REPÚBLICA FEDERATIVA DO BRASIL. Relatório da Conferência Internacional sobre População e Desenvolvimento. Brasília, 1994.

TEIXEIRA, Nuno Severiano; CASTAÑO, David. Do Tratado de Versalhes à Crise do Internacionalismo Liberal. O centenário do Tratado de Versalhes e da criação da SdN marca o fim do internacionalismo liberal? *Relações Internacionais*, n. 63, p. 5-8, set. 2019.

5

Mulheres em confinamento:
reflexões acerca das assimetrias de gênero ante a pandemia de covid-19

Soraya Barreto Januário
Déborah d'Assumpção Torres Marchesin

Introdução

A condição na qual homens e mulheres coexistem socialmente está longe de ser produto de um destino biologizante, são construções sociais, políticas e econômicas. A história do século XIX descortina uma clara divisão sexual do trabalho entre o domínio público e privado/ doméstico (Okin, 2008). Aos homens é dada a esfera pública, já as mulheres "pertenciam" à esfera privada, uma vez que o papel de cuidadora e doméstica foi compreendido como atividade preponderante a contrapartida do sustento do homem. Com a conquista pelo direito de trabalhar — faz-se pertinente destacar que no caso das mulheres negras já era uma prerrogativa com nítida acepção escravocrata — a partilha na esfera doméstica ainda é uma realidade distante para a maioria das mulheres.

Na contemporaneidade assistimos os números crescentes de mulheres responsáveis pelo sustento e como chefes de família. Segundo dados do Instituto Brasileiro de Geografia e Estatística (IBGE), na pesquisa nacional por amostra de domicílios (Pnad Contínua, 2019[1]), realizada com quase a totalidade das mulheres brasileiras (92,6%) de 14 anos ou mais, os cuidados desempenhados por mulheres nos afazeres domésticos e cuidados de pessoas possuem uma média de 21 horas semanais. No âmbito salarial o IBGE aponta que mesmo com a averiguação de queda na desigualdade salarial entre 2012 e 2018, as mulheres ainda ganham, em média, 20,5% menos que os homens no país. Esses dados corroboram com a visível assimetria financeira e de reconhecimento das atribuições das mulheres.

Com efeito, observamos nesse artigo alguns pontos-chaves na compreensão das assimetrias entre os gêneros que perpassam especialmente esfera do trabalho e do cuidado. Sem dúvida, faz-se necessário reflexionar numa perspectiva de gênero ante a pandemia. Pretendemos nesse artigo apresentar algumas reflexões, a partir de uma abordagem qualitativa, exploratória e de delineamento através de revisão bibliográfica acerca do impacto da pandemia e do isolamento social nas assimetrias já vivenciadas por nós mulheres na contemporaneidade, que parecem ter sido acentuadas pelo contexto pandêmico.

Divisão sexual e social do trabalho e a covid-19

Diante de uma pandemia que trouxe um debate aparentemente polarizado entre economia e saúde, torna-se pertinente refletir a questão do trabalho e suas nuances no cerne dos debates das

---

1. Instituto Brasileiro de Geografia e Estatística. Pesquisa Nacional por Amostra de Domicílios Contínua (PNAD Contínua) — 1º trimestre 2019. Rio de Janeiro: Instituto Brasileiro de Geografia e Estatística, jul. 2019b. Disponível em: https://www.ibge.gov.br/media/com_mediaibge/arquivos/141f5ee2291bea24dfe2e329c7fc0708.xlsx. Acesso em: 17 jul. 2020.

questões de gênero. Com efeito, uma breve compreensão em torno da divisão sexual do trabalho é inescapável. Uma divisão que decorre das relações sociais estabelecidas em detrimento ao gênero/sexo, historicamente e culturalmente adaptada a cada sociedade. Na construção de uma estrutura sexista e patriarcal, a hierarquia de dominação foi constituída pelos homens na esfera produtiva e das mulheres na esfera reprodutiva e, concomitantemente, a ocupação pelos homens das funções de valor público e social agregado. Kergoat (2007) argumenta que:

> O termo "divisão sexual do trabalho" aplica-se na França a duas acepções de conteúdos distintos. Trata-se, de um lado, de uma acepção sociográfica: estuda-se a distribuição diferencial de homens e mulheres no mercado de trabalho, nos ofícios e nas profissões, e as variações no tempo e no espaço dessa distribuição; e se analisa como ela se associa à divisão desigual do trabalho doméstico entre os sexos. (2007, p. 596)

Nesse sentido, podemos afirmar que a divisão sexual do trabalho possui dois princípios norteadores: sendo o primeiro a separação entre o que se considera alguns tipos de trabalhos para homens e outros para mulheres; e segundo a hierarquização do trabalho, no qual a construção dos trabalhos para o homem é mais valorizada do que os relacionados às mulheres, que são subalternizadas.

Nessas visões antagonistas e dicotômicas entre o público e o privado/doméstico (Okin, 2008) a divisão sexual do trabalho foi sendo estruturada no qual homens assumem o papel de provedores e mulheres de cuidadoras. Um cuidado não monetizado e socialmente subalternizado, configurando um trabalho não remunerado que é, *per si*, desconsiderado como trabalho, mesmo com o tempo e a dedicação exercida para essa finalidade de reprodução da vida.

Com efeito, as atribuições sociais limitavam as mulheres a permanecerem no espaço privado/doméstico. Com os avanços e conquistas sociais e dos movimentos feministas, bem como com as transformações no cenário socioeconômico, com as revoluções industrial e culturais, novas configurações sociais foram emergindo, colocando em xeque o modelo dicotômico da divisão social e sexual do trabalho.

No fim de 2019 e início de 2020 vimos pelas lentes da mídia uma nova pandemia assolar o mundo, a covid-19. Sob a necessidade de distanciamento e isolamento social como medida de prevenção e no intuito de diminuir a curva de contágio, nos vimos obrigadas e obrigados a permanecer em casa. Esse novo cenário trouxe à tona reflexões e vivências sobre os temas das assimetrias e desigualdades.

As crises exacerbam as inequidades oriundas da estrutura social, ainda fortemente influenciadas por práticas sexistas, na qual vivemos. Essas desvantagens são acentuadas nos grupos vulneráveis, dentre eles nós mulheres e pessoas economicamente desfavorecidas no exercício pleno dos direitos humanos. O universo feminino é plural, complexo e diverso (Los Rios, 2003), além dos recortes múltiplos possíveis. No entanto, é preciso iniciar com uma verdade incontestável, o consenso de que a carga do trabalho doméstico e com os cuidados, como os relacionados à família, é muito mais pesada para nós mulheres.

Ser mulher é uma invenção social: reflexões sobre as intersecções entre a pandemia e a vivência das mulheres

A ideia do que é ser mulher e ser homem em nossa sociedade foi socialmente e historicamente construída. Dessa forma, vivemos num permanente estado de "fazer-se" (Beauvoir, 1970) no que concerne à ideia de gênero, buscando legitimar essa "invenção social" pautada em estruturas patriarcais e sexistas, e que concebem nas relações de poder homens e mulheres de forma desigual, destinando as identidades sociais subalternas para as mulheres.

Diante desse contexto pandêmico foi possível acompanhar, pela mídia, lideranças e movimentos feministas e, ainda, por pesquisas acadêmicas (Goes; Oliveira; Ferreira, 2020; Alon *et al.*, 2020; Osland;

Røysamb; Notvedt, 2020) alguns pontos de destaque para fundamentar nossas reflexões. Observando a realidade brasileira constatamos cinco pontos, que consideramos latentes nesse cenário atípico — contudo com semelhanças e permanências da realidade pré-pandemia. Alguns desses pontos são corroborados pelos estudos que debatem os impactos do isolamento social sobre a equidade entre mulheres e homens no mercado de trabalho (Alon *et al.*, 2020; Osland; Røysamb; Notvedt, 2020) e da realidade cientificamente comprovada por pesquisas empíricas da realidade social levadas a cabo por institutos de pesquisa e organizações nacionais e internacionais de renome, tais como o IBGE, a ONU Mulheres.

Dessa forma, evidenciamos alguns pontos em temáticas conhecidas nos debates das teorias feministas e nas vivências das mulheres brasileiras. Não por coincidência, esses temas parecem ter ganho evidência diante do isolamento social e a necessidade de compartilhar espaços e tempo no âmbito privado/doméstico, tais como: Mulheres, cuidado e responsabilidades; Mulheres e trabalho: precarização e múltiplas jornadas; Aumento da violência doméstica e de gênero; Mulheres, maternidade e acesso à saúde; Mulheres negras e a pandemia.

Mulheres, cuidado e responsabilidades

Na nossa cultura, repleta de resquícios patriarcais, o cuidado é domesticalizado e colocado como uma característica do feminino, decorrência da binariedade construída do gênero/sexo, no qual o feminino faz parte da mulher e o masculino, do homem. Assim, apresenta-se, como um destino fatalístico à condição do ser mulher, o cuidar (Del Priore, 1993; Biroli, 2015). Apreendido desde a infância com a diferenciação das identidades, através das brincadeiras, que são estimuladas às meninas, a partir de tarefas domésticas, sensibilidades e delicadezas; enquanto para os meninos, o estímulo vem para a competição, apresentando virilidade, força e racionalidade (Ávila; Ferreira, 2014).

Os contornos de ser homem ou ser mulher não podem ser apresentados pela condição biológica ou por comportamentos e aparências externas do corpo, como a roupa que vestem. É importante olhar as individualidades da construção dos sujeitos, que se apresentam de forma diversa e contingencial (Butler, 2019), de acordo com a cultura e as experiências apreendidas e vivenciadas não só na família, mas em demais relações sociais como escola, universidade, mídia e diferentes espaços institucionais.

Vale salientar que o entendimento sobre a categorização do cuidado, ora mencionado, apoia-se nas contribuições de Flávia Biroli (2015) que traz o cuidar como parte do cotidiano de todas as pessoas e que perpassa pelas nossas vidas em diferentes intensidades em função das vulnerabilidades, desde a infância até a velhice. Porém, nesse meio-tempo da vida adulta, existem inúmeras vulnerabilidades em relação a saúde, questões de gênero, de raça, de classe e das pessoas com deficiências que envolvem relações interpessoais, independente de laços de afetos e anteriores.

As responsabilidades atribuídas ao cuidado são colocadas em nós mulheres como reprodução da vida de forma não remunerada e subentendida através dos estereótipos de gênero ao colocar certas profissões do cuidar como lugar de mulheres. Porém, vale ressaltar que o espaço público só se sustenta através de todo o trabalho invisibilizado por gerações, ora como cuidadoras do lar, ora como escravizadas ou empregadas domésticas para esse mesmo tipo de trabalho de forma precarizada ou subalternizada.

Apesar de hoje existirem debates sobre novas masculinidades (Connell; Messerschmidt, 2013; Aboim; Cunha, 2010; Sinay, 2016) que permitem aos homens o lugar do sensível, com a redistribuição dessa reprodução da vida e das tarefas domésticas, a estrutura social ainda permanece masculinista. Independente das classes sociais, as mulheres estão envoltas numa servidão voluntária aos homens (Los Rios, 2011) e ao cuidado, que, nesse momento de confinamento, traz sobrecarga e exposição de inúmeras vulnerabilidades à vida de muitas de nós, a partir das interseccionalidades de gênero, classe e raça,

DIREITOS HUMANOS EM TEMPOS DE PANDEMIA DE CORONAVÍRUS

como a questão da maternidade, violências domésticas e trabalhos remotos e os associados à saúde.

Mesmo com a inserção ao mercado de trabalho de nossos corpos de forma mais ampliada, a visão do cuidado ainda se encontra nas relações do privado ou mercantilizando de forma precária, o que contribui para a reprodução de desigualdades sociais e falta de participação política de mulheres nos espaços públicos que possam modificar essa realidade da divisão sexual do trabalho, engessadas em estereótipos de gênero. Ao entender, desta forma, o cuidado como fundamentalmente de responsabilidade coletiva e essencial (Biroli, 2015), numa perspectiva feminista, antirracista, anticlassista e anticapacitista, permite-se a possibilidade de uma construção democrática da sociedade como um todo.

Como apresentamos, as mulheres possuem maiores responsabilidades em relação ao cuidado, que inclui as profissões relacionadas à assistência de saúde, um dos espaços mais afetados em meio à crise sanitária do coronavírus, em virtude da essencialidade do trabalho em questão. O fator gênero na força de trabalho em saúde é historicamente marcado pela presença de mulheres, categoria que está no contato direto com as pacientes e que, portanto, tem maior possibilidade de contágio e não pode se isolar. De acordo com dados da Organização Mundial da Saúde (OMS), as mulheres perfazem 70% das trabalhadoras de saúde lidando diretamente contra a pandemia nos hospitais e com as pessoas infectadas. Esses dados somam-se à questão de classe, excetuando, de forma geral, médicas. E ainda, a questão étnico-racial, temas que debateremos mais à frente.

Mulheres e trabalho: precarização e múltiplas jornadas

As mulheres em sua maioria estão em trabalhos informais e precarizados e com o aditivo de que uma boa parte delas são conduzidas a desistirem e/ou desistiram dos seus empregos para cuidar da casa e dos filhos durante a quarentena, com a barganha masculina baseada no discurso de eles possuírem melhores salários. A redefinição econômica afetada pela restrição de circulação e redução de contato social impacta de modo direto estas trabalhadoras que, inesperadamente, ficaram sem possibilidade de sustento próprio e de suas famílias.

A interrupção das atividades escolares e dos serviços domésticos subcontratados — sem carteira assinada — sobrecarrega ainda mais as mulheres que necessitam coexistir entre os esforços do trabalho remoto (*home office*) e os cuidados dos filhos e da casa, que, em muitos casos, seguem como ônus exclusivos seus ou se partilhados, de forma ainda bastante assimétrica.

No Brasil, a falta de equilíbrio na divisão dos afazeres domésticos e cuidados com filhos também é grande. Dados do IBGE[2] mostram que, em 2018, elas dedicaram 23,8 horas semanais às tarefas de casa e da família, enquanto eles destinaram apenas 12 horas. Sendo pertinente lembrar que sob este tipo de trabalho paira a concepção de trabalho não remunerado. (Osland; Røysamb; Notvedt, 2020) reforçam, ainda, que tais diferenças se intensificam mais no caso das mães solo. Na divisão sexual do trabalho, as múltiplas jornadas ainda pendem sobremaneira nos espaços construídos como femininos.

Há duas prerrogativas com distintas realidades a refletir: o trabalho informal e o trabalho remoto. Ao observarmos o denominado setor informal, o compreendemos como "um conjunto de formas de organização da produção que ocupam um lugar intersticial na economia, que operam 'juntas' com as formas propriamente capitalistas, mas não fazem parte delas" (Beloque, 2007 *apud* Souza, 1878, p. 28). O Brasil e o mundo já vinham em um processo de precarização do trabalho, seja na perda de direitos trabalhistas, seja na chamada

---

2. Instituto Brasileiro de Geografia e Estatística. Mulheres dedicam mais horas aos afazeres domésticos e cuidado de pessoas, mesmo em situações ocupacionais iguais às dos homens. Disponível em: https://agenciadenoticias.ibge.gov.br/agencia-sala-de-imprensa/2013-agencia--de-noticias/releases/24266-mulheres-dedicam-mais-horas-aos-afazeres-domesticos-e-cuidado--de-pessoas-mesmo-em-situacoes-ocupacionaisiguais-a-dos-homens. Acesso em: 17 jul. 2020.

"uberização" do trabalho (Franco; Ferraz, 2019), que consiste em um formato de trabalho sob demanda, com a precarização das condições trabalhistas, e a exploração da mão de obra por grandes conglomerados de empresas, que concentram o mercado junto às plataformas digitais e comércio eletrônico.

Nesse âmbito, outro processo de precarização que vem sendo romantizado e ganhou força e fôlego durante a pandemia foi o trabalho remoto, a transferência do escritório para casa, efeito da necessária medida de isolamento social. A ideia de levar o trabalho público para o ambiente doméstico (Okin, 2008) esconde assimetrias e realidades díspares, especialmente no recorte de gênero. Primeiramente, é preciso dizer que nem toda classe trabalhadora está situada em empregos formais ou possuem uma estrutura mínima no âmbito doméstico que possibilite a execução de trabalho casa. Alguns pontos são pertinentes de elencar: 1. Condições de moradia: residências que acomodam muitas pessoas e possuem poucos cômodos; 2. Cuidado infantil e da casa: residência com crianças pequenas com necessidade da escola em sistema remoto ou escolas sem aulas, arrumação e produção da alimentação familiar, tarefas que, de forma mais abrangente, ainda são desempenhadas exclusivamente pelas mulheres; 3. A falta de acesso à internet e seus dispositivos: questão que perpassa especialmente a questão de classe; 4.A falta de literacia digital e de suas ferramentas: pessoas que ainda têm dificuldade de lidar e interagir com o mundo digital. Essa conciliação, pautada na precarização e coexistência entre trabalho remunerado e não remunerado, não funciona da mesma forma para cada gênero como demonstramos nos números publicados nas pesquisas do IBGE (Pnad).

Quando observamos no mundo do trabalho informal, é pertinente refletir que, segundo a ONU Mulheres, 54% das mulheres na América Latina tiram seu sustento desse setor. Com efeito, elas estão mais sujeitas aos impactos econômicos da pandemia do coronavírus. Já o IBGE observa que 41,3% da população tira sua renda do trabalho informal. Sob a ótica do marcador de gênero, o trabalho informal sobe um pouco da média geral e representa 42% do emprego feminino, já o trabalho masculino representa menos da metade, 20%. Outro ponto importante a destacar que usaremos no próximo tópico de análise é que 47,8% do corpo de trabalho informal feminino são de mulheres negras. É sabido que as mulheres já enfrentam questões históricas e sociais muito antes dessa nova crise. Dessa forma, é possível sugerir que os maiores impactos econômicos na precarização e aumento da segunda jornada na pandemia tem gênero, e este é claramente feminino.

Aumento da violência doméstica e de gênero

Nos momentos de precariedade econômica e instabilidade social, a violência de gênero ganha contornos ainda mais expressivos (Osland; Røysamb; Notvedt, 2020) e uma das mais brutais causas da exacerbação das assimetrias de gênero é o aumento da violência doméstica contra as mulheres em tempos de pandemia. Os últimos dados do Atlas da Violência do IPEA, de 2019, já apresentavam o crescimento do número de homicídios, com o aumento de tais violações, especificamente na perspectiva das mulheres negras em comparação a não negras:

> Enquanto a taxa de homicídios de mulheres não negras teve crescimento de 1,6% entre 2007 e 2017, a taxa de homicídios de mulheres negras cresceu 29,9%. Em números absolutos a diferença é ainda mais brutal, já que entre não negras o crescimento é de 1,7% e entre mulheres negras de 60,5%. Considerando apenas o último ano disponível, a taxa de homicídios de mulheres não negras foi de 3,2 a cada 100 mil mulheres não negras, ao passo que entre as mulheres negras a taxa foi de 5,6 para cada 100 mil mulheres neste grupo. (IPEA, 2019, p. 38)

Percebe-se que a rede de enfrentamento à violência contra as mulheres em situação de violência doméstica tem sido insuficiente para conter tais vulnerabilidades. Ademais, nem todas as cidades brasileiras possuem políticas públicas específicas para mulheres. O novo cenário da política nacional que vinculou a Secretaria Nacional de Políticas para as Mulheres (SNPM) ao Ministério da Mulher, da Família e dos

Direitos Humanos (MMFDH) criado pela Medida Provisória n. 870, de 1º de janeiro de 2019, regulamentada pela Lei n. 13.844, de 18 de junho de 2019, apresenta mais um desmonte de políticas afirmativas em prol de nós mulheres.

Segundo a Câmara dos Deputados (2020) o crescimento do número de denúncias no Disque 180 foi em média 14% maior até abril deste ano em relação ao mesmo período do ano passado, porém ao procurar informações atualizadas no site do governo federal e do MMFDH, o *link* para acessar o balanço de ligações encontra-se com a informação de que a página não existe, impossibilitando o acesso a informações mais atualizadas.

Vale salientar que tais denúncias não condizem com um real atendimento a essas mulheres, pois com a paralisação de alguns serviços de justiça e a diminuição do trabalho presencial em virtude do distanciamento social, colocaram-se muitas mulheres em convivência forçada com seus agressores. As dificuldades em acessar os serviços oficiais, redes de cuidados pessoais e de apoio institucional, bem como as questões econômicas, junto ao aumento expressivo no consumo de álcool, são fatores que corroboram com o crescente índice de violência doméstica.

Assim, o confinamento, em tempos de distanciamento e isolamento social, promove formas mais evidentes dos cativeiros (Los Rios, 2011), já existentes em relação a nós mulheres, colocando no momento presente "um vírus e duas guerras" como apresenta a pesquisa feita em Parceria entre cinco mídias independentes, a saber: Amazônia Real, Agência Eco Nordeste, #Colabora, Portal Catarinas e Ponte Jornalismo[3], que monitoram os casos de feminicídios durante a pandemia.

Inicialmente, a análise aponta o aumento em 5% do número de feminicídios de acordo com igual período de 2019, no qual 195

---

3. Um vírus e duas guerras: mulheres enfrentam em casa a violência doméstica e a pandemia da covid-19. *Ponte Jornalismo*. Publicado em 18 de junho de 2020. Disponível em: https://ponte.org/mulheres-enfrentam-em-casa-a-violencia-domestica-e-a-pandemia-da-covid-19. Acesso em: 23 jul. 2020.

mulheres foram assassinadas nos primeiros dois meses de pandemia, março e abril do ano de 2020. A metodologia aplicada na pesquisa supracitada é a partir de dados oficiais de feminicídios e violência doméstica solicitados às secretarias de segurança pública dos 26 estados brasileiros e do Distrito Federal. Cada iniciativa de mídia independente ficou responsável por uma região do país.

Como afirma Simone de Beauvoir (1970), basta um momento de crise política, econômica e religiosa para que nossos direitos sejam questionados e as variadas facetas desse ser mulher ganhem pesos ainda maiores, com restrições impostas que expõem cada vez mais nossas diferenças identitárias e nos coloca em violações simbólicas, como a questão materna e reprodutiva expostas na seção seguinte.

Mulheres, maternidade e acesso à saúde

A maior sobrecarga para as mulheres em relação às responsabilidades estabelecidas diante do cuidado, com a reprodução da vida, é a maternidade, nem sempre associada à paternidade ativa (Cúnico; Arpini, 2013). Diante disso, algumas complexidades são visibilizadas no contexto pandêmico e exacerbam, ainda mais, as assimetrias de gêneros já expostas no presente texto, além do cuidar e que passam por questões administrativas, de saúde e dos direitos reprodutivos.

Com a economia paralisada, o governo federal, através de mobilizações sociais, ofereceu um auxílio emergencial para a população mais vulnerável, com o objetivo de fornecer proteção no período de enfrentamento à crise sanitária, inicialmente de R$ 200,00, ampliado pelo Congresso nacional, para o valor de R$ 600,00. Para as famílias em que a mulher seja a única responsável pelas despesas da casa, o valor pago mensalmente seria de R$ 1.200,00. Fato que vem do crescente número de mulheres provedoras apontadas pelo IBGE (2019), luta e conquista das lideranças e movimentos feministas, bem como das mulheres de forma geral. Segundo o IBGE, através da pesquisa

Pnad contínua (2019), 60% das chefes de domicílio vivem sem companheiro, entre elas 32% são solteiras com filhos, 18% vivem sozinhas, e 7% dividem a casa com amigos ou parentes. Por serem mulheres, chefes de família em arranjo monoparental, quando não há presença de um dos cônjuges na criação dos filhos. E uma forma de diminuir a disparidade das múltiplas jornadas e cuidado solo de uma parcela significativa das mulheres brasileiras.

Um outro ponto a destacar é que o Brasil corresponde a maior taxa de mortalidade materna por covid-19, oito em cada dez puérperas que morreram de coronavírus no mundo eram brasileiras, o que totalizam 124 mortes (Takemoto *et al.*, 2020). Portanto, dados apresentados em publicações recentes mostram que a gravidez, parto e puerpério representam riscos adicionais para mulheres e bebês, que podem vir da imunodeficiência relativa associada a adaptações fisiológicas maternas, bem como da resposta orgânica a infecções por vírus.

É importante colocar que no Brasil, apesar de nossos direitos reprodutivos estarem em constante vigilância do Estado, mesmo sem uma política pública para mulheres que apoie o direito de escolha sobre nossos corpos, no qual a maternidade é tida como compulsória. As diversas fases da gravidez foram silenciadas do sistema público de saúde, visto que os esforços atuais estão direcionados para o combate à covid-19 e hospitais e unidades de saúde que eram utilizadas para esse fim encontram-se emergencialmente atendendo às demandas da pandemia, assim, contribuindo para o aumento da mortalidade materna e infantil. Os atendimentos foram descontinuados, sem uma política específica para essa fase da vida das mulheres, inclusive sem a prevenção para a infecção pelo novo coronavírus através de testagens desse grupo que é vulnerável.

Mulheres negras na pandemia

O questionamento que fica mais latente nesses tempos de pandemia: quem são essas mulheres? Será que todas possuem o direito ao distanciamento e ao isolamento social apresentado como prevenção necessária ao contágio do novo coronavírus? O estudo "Retrato das Desigualdades de Gênero e Raça" do IPEA, de 1995 a 2015, já apresentava as vulnerabilidades sociais acerca das interseccionalidades, e destaca que as mulheres negras possuem os piores indicadores em praticamente todas as áreas analisadas da pesquisa.

Ao compreendermos o racismo como um sistema estruturante, que gera comportamentos, práticas, preconceitos e crenças que fomentam desigualdades baseadas na raça/etnia, condições que fundamentam as vulnerabilidades para além do gênero (Carneiro, 1995), percebe-se o maior impacto nas assimetrias na vida das mulheres negras, como foi observado ao longo de todo o texto.

Na periferia, são as mulheres negras que possuem menos acesso à educação, os menores salários e a maioria são trabalhadoras informais, como também desempregadas. Ainda, aquelas que enfrentam também o maior índice de violências e exposição à infecção pelo novo coronavírus, como o das trabalhadoras domésticas, e muitas vezes, sem direito ao confinamento remunerado em suas casas. Ocupam os espaços de cuidado mercantilizado e precarizado, já apresentado nas seções anteriores, e acumulam esses trabalhos com o cuidar da vida doméstica e familiar e muitas vezes com a falta de cuidado de si, afetando a saúde física e mental das mesmas, em virtude desse olhar privatizado em relação ao cuidado, as deixando em mais espaços de vulnerabilidades (Goes; Oliveira; Ferreira, 2020).

Somado a isso, cabe ressaltar que o saneamento básico é algo de extrema importância para a saúde preventiva. A água, junto com o sabão, é a principal ferramenta para nos protegermos da covid-19 e que ainda não é assegurada para milhares de pessoas no Brasil, principalmente às mulheres negras periféricas. Segundo o estudo da BRK Ambiental e Instituto Trata Brasil "Mulheres e Saneamento", realizado em 2018, 67,8% das 12 milhões de mulheres com acesso irregular à água tratada são pardas e negras.

Por fim, ainda são elas que perfazem maioria no sistema carcerário feminino e que mais sofrem com o acesso ao sistema de saúde

(Estevão, 2020). Nesse âmbito, somadas às questões interseccionais, as mulheres negras estão na base das diversas violações ora apresentadas, concentradas nas periferias.

O tema das mulheres negras ante a pandemia desperta inúmeros debates que perpassam por todos os pontos elencados no artigo, fundamentado nos diversos preconceitos sociais, raciais e nos sistemas de opressão enraizados na estrutura e pensamento racista socialmente construído. O que nos leva a sugerir, também, que a pandemia, além de gênero, tem cor, e ela é negra.

Considerações finais

Perante um cenário de incertezas e de grande instabilidade, a história e os fatos demonstram que são as mulheres que sofrem os custos econômicos, físicos e emocionais mais brutais em crises. A maioria das mulheres do Brasil, em especial as mulheres negras e na maioria, mais vulneráveis economicamente, enfrentam o peso social da desigualdade e de jornadas de trabalho infinitamente maior com salários mais baixos. Diante de uma sociedade racista, sexista, classista e capacitista se tornam evidentes as inequidades de gênero, raça/etnia e classe. Torna-se inegociável chamarmos a reflexão e ação na forma de políticas públicas que visem dirimir essas assimetrias, e, ainda, que ajudem na gradativa diminuição dessas desigualdades longínquas à medida que saímos desta crise.

Reconhecemos a dificuldade de aprofundar os pontos definidos em função das estatísticas oficiais não estarem sendo feitas a partir de perspectivas interseccionais e inclusive sendo apagadas como apresentam algumas denúncias de mídias e organizações sociais. Fica claro o quanto a privatização do cuidado prejudica parte da população em suas vulnerabilidades, em especial a nós mulheres que são responsabilizadas por tal função de cuidar dos outros e de si mesmas.

Certamente haverão outras consequências da crise atual, além das que refletimos neste artigo, que efetivamente pesarão de forma desproporcional sobre nós mulheres, especialmente às mulheres negras em situação de vulnerabilidades. Ainda vivenciamos o isolamento social e certamente há muito que refletir sobre este assunto e suas consequências. Propomos nessas reflexões iniciar um debate mais amplo a respeito da realidade brasileira. Faz-se necessário aprender com as experiências e reforçar políticas públicas e sociais, adaptando iniciativas como as políticas de enfrentamento contra violência de gênero, conscientização das assimetrias e disparidades através de campanhas e redes de apoio visando à situação específica da covid-19. Esperamos que este artigo auxilie a dar maior visibilidade às assimetrias e sensibilize a sociedade, bem como governantes na implementação de estratégias que visem pedagogias culturais mais igualitárias pensadas através do cuidado coletivo e da redução de danos perante a pandemia.

REFERÊNCIAS

ABOIM, Sofia; WALL, Karin; CUNHA, Vanessa. *A vida familiar no masculino:* negociando velhas e novas masculinidades. Género, família e mudança em Portugal. Lisboa: Comissão para a Igualdade no Trabalho e no Emprego (CITE), 2010. p. 39-66.

ALON, Titan *et al.* The impact of the coronavirus pandemic on gender equality. *Covid Economics Vetted and Real-Time Papers,* n. 4, 2020.

ATLAS DA VIOLÊNCIA 2019. Ipea e Fórum Brasileiro de Segurança Pública. Rio de Janeiro, 2019.

ÁVILA, Maria Betânia; FERREIRA, Verônica. *Trabalho remunerado e trabalho doméstico no cotidiano das mulheres.* SOS CORPO Instituto Feminista para a Democracia, 2014.

BEAUVOIR, Simone de. *O segundo sexo:* fatos e mitos. São Paulo: Difusão Européia do Livro, 1970.

BELOQUE, Leslie Denise. *A cor do trabalho informal.* 2007. Tese (Doutorado em Ciências Sociais). Pontifícia Universidade Católica de São Paulo, São Paulo, 2007.

BIROLI, Flávia. Responsabilidades, cuidado e democracia. *Revista Brasileira de Ciência Política,* n. 18, p. 81-117. Brasília, set./dez. 2015.

BUTLER, Judith. *Problemas de gênero:* feminismo e subversão da identidade. Trad. Renato Aguiar. 18. ed. Rio de Janeiro: Civilização Brasileira, 2019.

CÂMARA DOS DEPUTADOS. Crescem denúncias de violência doméstica durante a pandemia. Disponível em: https://www.camara.leg.br/noticias/661087-crescem-denuncias-de-violencia-domestica-durante-pandemia. Acesso em: 23 jul. 2020.

CARNEIRO, Sueli. Gênero, raça e ascensão social. *Revista Estudos Feministas,* v. 3, n. 2, p. 544, 1995.

CONNELL, Robert W.; MESSERSCHMIDT, James W. Masculinidade hegemônica: repensando o conceito. *Revista Estudos Feministas,* v. 21, n. 1, p. 241-282, 2013.

CÚNICO, Sabrina Daiana; ARPINI, Dorian Mônica. A família em mudanças: desafios para a paternidade contemporânea. *Pensando famílias,* v. 17, n. 1, p. 28-40, 2013.

DEL PRIORE, Mary. *Ao sul do corpo:* condição feminina, maternidades e mentalidades no Brasil Colônia. Brasília: EdUnB, 1993.

ESTEVÃO, Ady Canário de Souza. Desigualdades, mulheres negras e políticas públicas em meio à pandemia. *Geledés.* Publicado em 16 de abril de 2020. Disponível em: https://www.geledes.org.br/desigualdades-mulheres-negras-e-politicas-publicas-em-meio-a-pandemia/?gclid=EAIaIQobChMIms6XxOHq6gIVE-QiRCh0AYgqMEAAYASAAEgKn8_D_BwE. Acesso em: 25 jul. 2020.

FRANCO, David Silva; FERRAZ, Deise Luisa da Silva. Uberização do trabalho e acumulação capitalista. *Cadernos EBAPE. BR,* v. 17, n. SPE, p. 844-856, 2019.

GOES, Emanuelle Freitas; OLIVEIRA; Dandara de; FERREIRA, Andrea Jacqueline Fortes. Desigualdades raciais em saúde e a pandemia da covid-19. *Trabalho, Educação e Saúde,* v. 18, n. 13, 2020.

KERGOAT, Danièle; HIRATA, Helena; KERGOAT, Danièle. Novas configurações da divisão sexual do trabalho. *Cadernos de Pesquisa*, v. 37, n. 132, p. 595-609, 2007.

LISAUSKAS, Rita. Oito em cada dez gestantes e puérperas que morreram de coronavírus no mundo eram brasileiras. 14/7/2020, 09h27. Disponível em: https://emais.estadao.com.br/blogs/ser-mae/oito-em-cada-dez-gestantes-e--puerperas-que-morreram-de-coronavirus-no-mundo-eram-brasileiras/ Acesso em: 25 jul. 2020.

LOS RIOS, Marcela Lagarde. De la igualdad formal a la diversidad. Una perspectiva étnica latinoamericana. *Anales de la Cátedra Francisco Suárez*, n. 37, p. 57-79, 2003.

LOS RIOS, Marcela Lagarde y de. *Los cautiverios de las mujeres:* madresposas, monjas, putas, presas y locas. Madrid: Horas y Horas la Editorial, 2011.

OKIN, Susan Moller. *Gender, the public and the private*. v. 16, n. 2, p. 305-332, 2008.

OSLAND, Kari M.; RØYSAMB, Maria Gilen; NOTVEDT, Jenny. The impact of covid-19 on the Women, Peace and Security Agenda. *NUPI covid-19 Brief*, 2020.

SINAY, Sergio. *La masculinidad tóxica*. Buenos Aires: Ediciones B, 2016.

TAKEMOTO, Maira L. S.; MENEZES, Mariane O.; ANDREUCCI, Carla B.; NA-KAMURA-PEREIRA, Marcos; AMORIM, Melania M. R.; KATZ, Leila; KNOBEL, Roxana. The tragedy of covid-19 in Brazil: 124 maternal deaths and counting. *International Journal of Gynecology & Obstetrics*. Publicado em 9 de julho de 2020. Disponível em: https://obgyn.onlinelibrary.wiley.com/doi/abs/10.1002/ijgo.13300. Acesso em: 24 jul. 2020.

6

Direitos Humanos e proteção animal em tempos de pandemia de coronavírus

Ana Maria de Barros
Elizabete Cristina Rabelo de Araújo

Introdução

A proteção animal é uma temática emergente na área dos Direitos Humanos e vincula-se à seara da terceira geração destes direitos. Relaciona-se ao princípio da solidariedade que reconhece a natureza como sujeito de direitos. As tensões que marcam esse debate se ligam ao confronto entre o paradigma antropocêntrico e o paradigma biocêntrico. O paradigma antropocêntrico estabeleceu entre os seres humanos e as demais formas de vida uma relação de verticalidade e superioridade e a relação com os animais foi construída numa perspectiva utilitarista. Esse modelo de desenvolvimento, se, por um lado, proporcionou à humanidade conforto e bem-estar, por outro lado impactou negativamente a natureza e seus biomas, tendo como resultado uma imensa devastação ambiental, o desenvolvimento estratosférico da vida urbana em detrimento da vida rural, além do risco de extermínio de inúmeras espécies vegetais e animais.

A natureza se incorpora aos direitos difusos e tais direitos dependem da ação dos seres humanos para que sejam reconhecidos, acolhidos e protegidos. A luta em defesa da vida animal depende da ação de atores sociais que, nesse processo, têm se apresentado para lutar e garantir os direitos às vidas não humanas. Esses atores importantes são os movimentos sociais, as ONGs, os grupos de defesa dos direitos dos animais organizados em cidades, em grupos de redes sociais. Além das decisões do Poder Judiciário, da participação do Ministério Público e demais organizações da sociedade civil e do Estado.

Abordaremos a relação entre a proteção animal e os direitos humanos no momento que vivenciamos a pandemia de coronavírus cujos impactos atingem os movimentos de proteção animal; momento em que os fatores de vulnerabilidade se somam: ascensão do pensamento autoritário e da pandemia de coronavírus que, dependendo do país em questão, facilitou os ataques ao meio ambiente, além de dificultar a fiscalização ambiental e demais ações de cuidado com a vida animal no planeta.

Categorias como a empatia, senciência e solidariedade fundamentam os argumentos no campo do direito, da filosofia e bioética, da medicina veterinária, e dos estudos de proteção animal para que avancem na percepção do reconhecimento dos animais para além da objetificação; no combate à coisificação, reconhecendo que a vida animal importa e seu sofrimento não nos é indiferente. Essa percepção avança no sentido civilizatório, fundamentando uma nova ética e uma nova cultura na relação entre seres humanos e seres não humanos, nos limites de nossa percepção nos propomos a refletir.

Seres humanos, natureza e animais: uma história de companheirismo, sofrimento e compaixão

A dignidade animal tem origem na dignidade da natureza e se relaciona ao fato de que o planeta Terra é a casa de muitas vidas: a vida humana e a vida não humanas. Para Boff (1999), as vidas não humanas estão no planeta desde a sua formação. A natureza e suas variadas formas de vida antecederam o surgimento dos seres humanos, e sua dignidade reside no seu direito de ser e de existir e não por decisão dos seres humanos.

Para Gohn (2011) e Molento (2005), a relação de simpatia e compaixão pelos animais antecede as lutas dos novos movimentos sociais. Da história da humanidade aos dias atuais encontramos exemplos importantes. São Francisco de Assis nos convidava a olhar a natureza e os animais como irmãos; Padre Cícero Romão Batista orientava seus romeiros sobre a importância de preservar a natureza e os animais como estratégia de sobrevivência no semiárido. Ambientalistas como Chico Mendes, Irmã Dorothy Stang, Marina Silva marcam suas histórias de vida pela pauta da defesa da natureza e dos povos da floresta. Cacique Raoni e Cacique Chicão dedicaram suas vidas a defender a natureza e ensinar que a vida dos povos indígenas está relacionada à natureza sagrada, por ser parte dela.

> É notória a mútua contribuição entre povos indígenas e meio ambiente. Se, por um lado, o meio ambiente e seus recursos naturais são importantes para o modo de vida indígena, por outro, as terras indígenas têm retribuído com eficiência, talvez mais que unidades de conservação para a preservação e o combate ao desmatamento (Silva, 2008, p. 54).

A arte difundiu empatia e compaixão pelos animais. Encontramos na literatura brasileira exemplos em contos e romances. Em *Vidas Secas,* de Graciliano Ramos, é marcante a presença da compaixão de Fabiano pela cadela Baleia, como nos ensina Almeida (2010). A poesia de Patativa do Assaré está recheada de momentos de fraternidade e compaixão, especificamente no poema: "Vaca Estrela e Boi Fubá", que foi musicada por Raimundo Fagner, além de "A triste Partida", musicada por Luiz Gonzaga ("O Rei do Baião"), trazendo o cenário da seca marcando a relação entre o sofrimento humano e o animal. O Estudo de Câmara (2004) nos apresenta uma rica viagem à obra do artista pernambucano Luiz Gonzaga, com inúmeros exemplos de canções que cantam as árvores, os animais, os riachos, os rios, o dia, a noite, a vida no campo e a relação entre o ser humano e os animais.

Em Candau (2013) encontramos a importância da arte na educação em direitos humanos. Também encontramos no cinema: séries, filmes e desenhos animados que trouxeram animais como protagonistas: Rin tin tin, Flipper, o golfinho ensinado, Lassie, e que cumpriram um papel importante trazendo seriados que ao mesmo tempo que eram entretenimento, chamavam a atenção para a inteligência e a senciência animal. Filmes sobre animais como "Sempre ao seu lado", "Marley e eu" despertam no público, a partir de histórias reais, sentimentos que revelam o amor, a compaixão e a solidariedade pela natureza e pelos animais. Autores das áreas de Geografia e História apontam a ludicidade e a relação com as questões de espaço/tempo através da arte como essenciais à compreensão dos conteúdos valorativos dessas áreas em suas afinidades com os debates contemporâneos sobre desenvolvimento sustentável, desigualdades sociais e empoderamento coletivo, direitos humanos, movimentos sociais, como nos orientam os estudos de Santos (1998), complementado por Almeida (2003) e Câmara (2004).

Senciência e biocentrismo: um desafio de superação paradigmática

Os alicerces do ecocentrismo e biocentrismo do século XIX influenciam os primeiros movimentos de proteção animal que surgiram na Europa e nos Estados Unidos da América e já traziam a importância da preservação da natureza. Na influência desses movimentos surgiram os parques florestais, santuários ecológicos, reservas florestais e jardins zoológicos que foram se disseminando em alguns países, através da lógica de preservar para não desaparecer. Almeida (2010) relata a importância de pensadores como Artur Shoppenhauer que trazia a visão naturalista ao considerar a compaixão animal como um componente ético, apesar de não rejeitar o trabalho do animal, nem sua alimentação, mais em se opor a qualquer forma de crueldade praticada com os animais para estes fins.

Almeida (2010) esclarece que os utilitaristas, a exemplo de Jeremias Bentham (1748- 1932), defendiam a maximização do bem-estar humano, não reconhecendo a senciência animal, razão pela qual era justificável o sofrimento animal, tendo como prioridade o bem-estar humano. "Seres sencientes são seres vivos que manifestam capacidade para sentirem dor, afeto e sofrimento" (Almeida, 2010, p. 65). É na teoria evolucionista que observaremos a importante superação da visão utilitarista, por trazer a relação de dependência e ligação entre as formas de vida no planeta. Charles Darwin revelou a influência do ambiente na evolução progressiva das espécies, provando através de seus experimentos que cada vida é resultado do ambiente que o cerca (Almeida, 2010). As sociedades protetoras dos animais que surgiram nesse movimento se caracterizavam por ações de benevolência e assistencialismo, de caráter local, na maioria das vezes, situadas no princípio da compaixão, sem as nuances políticas que trazem os novos movimentos sociais na atualidade: de tensão, conflito e em algumas situações de parcerias com o poder público e a comunidade em geral.

Para Gohn (2011), os novos movimentos de proteção animal são diferentes, pois são movimentos ambientalistas e ecológicos que denunciam internacionalmente e nacionalmente, desde o final da década de 70 do século XX, os terríveis impactos do desenvolvimento que envenena os rios e as populações ribeirinhas, que saqueiam os mares e oceanos através da pesca predatória e retiram de forma ilegal espécies animais e vegetais essenciais ao equilíbrio do ambiente, aniquilando vidas não humanas, reflexão reiterada em Bobbio (2014) ao analisar as lutas dos novos movimentos sociais com foco na defesa dos direitos da natureza.

Essa nova seara de luta se insere no paradigma biocêntrico que segundo Lanza (2012) requer pessoas capazes de superar a lógica antropocêntrica, em que o ser humano é a medida de todas as coisas e que justifica a superioridade do humano em relação ao não humano (Hobsbawm, 2016). O biocentrismo compreende o planeta Terra como a casa de todos nós: humanos e não humanos. Schweitzer (2014) complementa a reflexão lembrando que a vida é o centro de tudo, nossa maior riqueza deveria ser cuidar da vida que pulsa na natureza, nos animais e nos seres humanos. A Terra deve ser um lugar de todos, sem distinção de espécie ou forma de vida.

A ciência tem ancorado este debate em estudos sobre os movimentos sociais ambientalistas. No Brasil de forma clássica a discussão é presente nos estudos de Gohn (2011), Bobbio (2014) e Santos (2009) que tratam como o ambientalismo e a globalização têm influenciado a formulação de legislações que reconhecem as suas pautas, levando variados países a incorporarem esses direitos em seus ordenamentos jurídicos, a exemplo do Brasil, do Equador e da Colômbia.

Essas reflexões ganharam força com a Declaração Universal dos Direitos dos Animais, de 1978, da Unesco, promulgada em Bruxelas; com a Declaração de Cambrigde, de 2012. Barros e Araújo (2020) explicam que nessa declaração os cientistas que participaram da elaboração do documento afirmam que os seres humanos não são os únicos seres vivos a possuir os substratos neurológicos que geram a consciência. Animais não humanos também os possuem e expressam através da afetividade sentimentos que comprovam a senciência animal.

No Brasil este debate pode ser encontrado em artigos da *Revista Brasileira de Direito Animal* (RDBA). Em um deles, Barlett (2007) tratou da resistência humana aos direitos dos animais, e seu texto é um dos artigos mais relevantes dessa publicação. A senciência animal é, também, tratada em obras como *A crueldade animal*, de Azkoul (1995). Levai (2006), em *Crueldade consentida*, se refere à senciência animal e à necessidade da superação dos maus-tratos. Nessa perspectiva, há uma obra de referência na área escrita por Singer (2010) denominada *Libertação animal*, que se tornou um clássico neste debate, por ele continuado em 2017, na obra *O maior bem que podemos fazer*. Esse debate situa a proteção animal em relação direta ao biocentrismo, seu conceito podendo ser alargado pela visão de Schweitzer (2014) e Robert Lanza

(2012) que nos trazem o biocentrismo em oposição ao antropocentrismo como novo e importante caminho para a humanidade, não apenas na questão animal, mas como novo paradigma existencial.

É preciso ressaltar que a Constituição Federal do Brasil de 1988, em seu artigo 225, reforça esse debate: "Todos têm direito a um meio ambiente ecologicamente equilibrado", impondo ao poder público a proteção da fauna e da flora para as presentes e futuras gerações. Neste artigo se vedam as práticas que expõem a natureza ao risco, que reduzem a sua função ecológica e que podem vir a provocar a extinção de espécies ou que venham a submeter os animais à crueldade. É uma discussão que vem tomando um grande corpo acadêmico e tem repercutido em áreas como Bioética, Neurociência, Medicina Veterinária, Direitos Humanos, entre outras, e seus reflexos têm chegado à legislação e produzido decisões judiciais importantes, construindo uma jurisprudência de apoio aos movimentos de proteção animal.

No meio jurídico no Brasil atual, este debate sobre senciência animal ganhou mais espaço a partir da *ADI 4983- CE* sobre a Vaquejada e voltou com muita força em 2019 quando, no Senado, foi aprovada a PLC- 27/18, de 8 de agosto de 2019, denominada de: *"Animal não é coisa"*. Essa votação que aconteceu no Senado teve a sua origem no Projeto de Lei da Câmara n. 27, de 2018. Iniciativa: Deputado Federal Ricardo Izar (PSD/SP) que acrescentou dispositivo à Lei n. 9.605, de 12 de fevereiro de 1998, para dispor sobre a natureza jurídica dos animais não humanos. Esse texto contém avanços importantes, pois em sua explicação afirma:

> (...) que os animais não humanos possuem natureza jurídica *sui generis* e são sujeitos de direitos despersonificados, dos quais devem gozar e obter tutela jurisdicional em caso de violação, vedado o seu tratamento como coisa (PLC- 27/18 de 08 de agosto de 2019).

Estas duas discussões levadas ao STF (Supremo Tribunal Federal) e ao Congresso Nacional que têm contribuído para o avanço na superação da visão antropocêntrica da proteção animal, fazendo que a visão biocêntrica comece a entrar nos tribunais e vem fortalecendo a pauta do bem-estar animal e da necessidade de políticas públicas específicas de proteção e controle.

O voto do ministro Luís Roberto Barroso na ADI 4.983-CE no Supremo Tribunal Federal

A judicialização dos casos de maus-tratos e outras violências praticadas contra os animais vem fazendo surgir jurisprudências importantes que dão sustentação legal às pautas dos movimentos sociais de defesa da proteção animal, despertando no mundo jurídico e dos direitos humanos, profissionais que passam a enxergar e reconhecer o direito de ser e de existir da natureza e suas variadas formas de vida, o que constitui um importante marco civilizatório do século XXI.

A temática da proteção animal no Brasil vinha sendo tratada com desrespeito, piadas nos corredores dos fóruns e nas salas de aulas como se fosse um debate menor. No entanto, essa questão tomou novo status jurídico e outra perspectiva quando, no Brasil, o STF (Supremo Tribunal Federal) julgou a Ação Direta de Inconstitucionalidade: *ADI 4983 / CE* sobre a Vaquejada e em 02/06/2016 (dois de junho de dois mil e dezesseis) o Ministro do Supremo Tribunal Federal, Luís Roberto Barroso, em seu voto sobre a matéria, trouxe ao debate científico/ jurídico travado na defesa dos animais e contra as práticas cruéis que degradam e violam os seus direitos. Aqui optamos por trazer alguns recortes intencionais do seu voto para exemplificação do seu conteúdo jurídico/filosófico e político. No primeiro recorte o ministro apresenta as faces teóricas das correntes em debate:

III. A CONCILIAÇÃO ENTRE AS CORRENTES DO BEM-ESTAR E DOS DIREITOS DOS ANIMAIS.29. O embate entre aqueles que defendem o reconhecimento de direitos aos animais e aqueles que buscam defender apenas medidas que assegurem o bem-estar das demais espécies sencientes é intenso. Mas, nele, não há vencedores

DIREITOS HUMANOS EM TEMPOS DE PANDEMIA DE CORONAVÍRUS

> nem perdedores. Ambos os lados contribuem para a formação de uma nova consciência sobre a necessidade de se atribuir aos animais um valor moral intrínseco. 9 O conceito de sujeitos-de-uma-vida, criado por Tom Regan, refere-se a todos os seres que possuem capacidades sensoriais, cognitivas, conotativas e volitivas. Tom Regan. *A Case for Animal Rights*. Berkeley University of California Press, 2004, p. XVI. Na doutrina brasileira, cf. Fábio Corrêa Souza de Oliveira. *Estado Constitucional Ecológico: Em Defesa dos Direitos dos Animais (Não-Humanos)*. Âmbito Jurídico, v. 58, 2008. Portanto, embora suas posições filosóficas sejam opostas em aspectos fundamentais, é possível afirmar que intelectuais de ambos os lados têm um objetivo em comum: inspirar as pessoas a repensar a posição moral dos animais e incentivá-las a mudar seus valores e a questionar seus preconceitos quanto ao tratamento que dispensam a eles. Não é preciso escolher um dos lados para enfrentar a questão ora em exame. (Voto do ministro Barroso — ADI. (Barroso, *ADI 4983 / CE)*

Na segunda parte do seu voto o eixo da reflexão é a relação entre o bem-estar animal e como tem se construído essa relação entre seres humanos e animais. A preocupação é também com o debate histórico-filosófico da questão, recorrendo aos argumentos biocêntricos em oposição ao antropocentrismo. Esse caminho escolhido pelo ministro irá se transformar em base de sustentação jurisprudencial dos advogados e grupos de proteção animal a partir de então.

> *DEBATE NA ÉTICA ANIMAL SOBRE BEM-ESTAR E DIREITOS DOS ANIMAIS.* BREVE NOTA SOBRE A EVOLUÇÃO DAS ATITUDES DOS HOMENS EM RELAÇÃO AOS ANIMAIS. [...] na história da filosofia ocidental, argumentos antropocêntricos elaborados por intelectuais reputados exerceram grande influência no pensamento a propósito da posição dos animais entre os homens. Esses argumentos têm suas raízes em Aristóteles, São Tomás de Aquino, Descartes e Kant. As distintas visões desses filósofos sobre a posição dos animais estavam ligadas por uma lógica subjacente: a de que apenas os seres humanos são dignos de consideração moral, pois somente eles são dotados de racionalidade e são moralmente responsáveis. Consequentemente, para esses pensadores, os animais não mereciam a mesma consideração moral que os humanos devem uns aos outros ou, para os mais extremados, não seriam eles merecedores de consideração alguma. Mas foi a doutrina cartesiana da singularidade humana a tentativa mais radical de acentuar a diferença entre o homem e as demais espécies. Tratava-se da tese de que os animais são meros seres autômatos, tais

como as máquinas, completamente incapazes não apenas de raciocinar, mas de experimentar prazer ou dor, de modo que as reações que produziam após serem instigados seriam meros reflexos ou espasmos, sem qualquer relação com a ideia de consciência. Esta visão, que legitimava o tratamento degradante e a imposição de sofrimentos aos animais, é hoje largamente superada. Aliás, embora tenha sido dominante por longo período, contou com notáveis opositores ao longo da história. De modo que a ideia de que os humanos têm pelo menos algumas obrigações para com os animais não pode ser considerada nova, embora tenha se sofisticado muitíssimo no século passado, como se verá a seguir. (Barroso, *ADI 4983 / CE*)

O voto do ministro Barroso faz seu percurso a partir dos textos bíblicos para chegar ao pensamento grego/escravista, renascentista, até a revolução científica do século XVII. Ao longo dessa reflexão, irá revelando o cabedal de leituras que fundamentaram a sua posição e que repercutirão em seu voto.

II. O EMBATE ENTRE AS CORRENTES DO BEM-ESTAR E DOS DIREITOS DOS ANIMAIS. [...] pode-se dizer que o movimento moderno para a defesa dos animais teve sua origem em 1824, com a criação da *Society for the Prevention of Cruelty to Animals*, na Inglaterra. Mas até o final da década de 1960, prevalecia a ideia segundo a qual não havia nada inerentemente errado com o uso de animais para a alimentação, experimentação e entretenimento de seres humanos, se os benefícios totais decorrentes dessas práticas superassem o sofrimento dos animais utilizados e desde que se garantisse que eles não fossem submetidos, desnecessariamente, a crueldade. Entretanto, um grupo de filósofos criado, em 1970, na Universidade de Oxford, para investigar por que a condição moral dos animais não humanos era necessariamente inferior à dos seres humanos, deu início a um movimento em defesa dos animais provido de maior vigor intelectual e de mais avançado conhecimento científico. A partir de então, vários trabalhos foram publicados ao redor do mundo, especial destaque ao seminal *Animal Liberation*, de Peter Singer, em 1975, e da publicação, em 1983, de *The Case for Animal Rights*, do também filósofo Tom Regan. Ambas as obras são representativas de uma clara polarização presente no movimento em defesa dos animais. Essa polarização se dá entre aqueles que advogam medidas voltadas ao bem-estar desses seres e os que defendem que animais têm, eles próprios, direitos morais. 26. A primeira dessas visões sustenta que a capacidade de sofrer e de sentir prazer é suficiente para se reconhecer que animais têm interesses. Assim, se um ser sofre, não haveria qualquer justificativa moral para se deixar de levar em conta esse sofrimento. Mas caso um ser não seja capaz de sofrer e de sentir prazer, não haveria nenhum interesse a ser protegido. Portanto, a senciência — termo utilizado na literatura especializada para dizer que um ser tem capacidade de sentir dor e prazer — seria o único atributo necessário para a consideração dos interesses dos animais. Por essa razão, pelo menos o interesse de não sofrer dos animais sencientes deveria ser assegurado. (Barroso, *ADI 4983 / CE*)

Esse voto produziu uma mudança significativa no olhar do ambiente jurídico nacional e ganhou um novo contorno diante da profundidade científica escolhida pelo ministro que revela empatia ao reconhecimento legal da senciência animal, dando visibilidade jurídica e contornos de seriedade acadêmica ao desafio ético julgado naquela ação direta de inconstitucionalidade.

[...] nos dias atuais, a maioria das pessoas concorda que não se deve impor sofrimento aos animais. E até mesmo muitos dos que criticam a ideia de direitos dos animais geralmente consideram práticas cruéis como abomináveis e reivindicam normas jurídicas que as proíbam. Além disso, embora a maioria das pessoas resista à ideia radical de abolição de qualquer tipo de exploração animal pelo homem, ainda assim muitos defendem que o Poder Público deve regulamentar as práticas que envolvam animais. É imperativo reconhecer que isso tudo já sinaliza valioso avanço no processo civilizatório. [...] Regulamentações voltadas ao bem-estar dos animais contribuem para a formação de uma mentalidade e de uma cultura favoráveis aos avanços nessa área. E, consequentemente, não se deve concluir que uma ética do bem-estar seja rival de uma ética de direitos. [...] Ao vedar "práticas que submetam animais a crueldade" (CF, art.225, § 1º, VII), a Constituição não apenas reconheceu os animais como seres sencientes, mas também reconheceu o interesse que eles têm de não sofrer. A tutela desse interesse não se dá, como uma interpretação restritiva poderia sugerir, tão-somente para a proteção do meio-ambiente, da fauna ou para a preservação das espécies. A proteção dos animais contra práticas cruéis constitui norma autônoma, com objeto e valor próprios. (Barroso, *ADI 4983 / CE*)

Após a exposição da relação entre a teoria científica e o ordenamento jurídico brasileiro, principalmente sobre o que trata a

Constituição Brasileira de 1988 em seu artigo 225, o ministro Barroso apresentou o seu voto.

> Diante do exposto, acompanho o relator, julgando o pedido formulado na presente ação direta de inconstitucionalidade procedente, de acordo com os fundamentos aqui expostos, para declarar a inconstitucionalidade da Lei n. 15.299, de 8.01.2013, do Estado do Ceará, propondo a seguinte tese: *manifestações culturais com características de entretenimento que submetem animais a crueldade são incompatíveis com o art. 225, § 1º, VII, da Constituição Federal, quando for impossível sua regulamentação de modo suficiente para evitar práticas cruéis, sem que a própria prática seja descaracterizada.69.* É como voto. (Barroso, *ADI 4983 / CE*)

O julgamento, apesar do resultado desfavorável para os grupos de defesa dos animais que consideram um desrespeito o uso de vidas não humanas como forma de entretenimento, impulsionou os processos de judicialização em defesa da vida animal que passaram a recorrer a este voto para a afirmação jurídica de reconhecimento da senciência animal.

A proteção animal em tempos de pandemia do coronavírus

Vivemos o momento do colapso das políticas multilaterais que já haviam sofrido um terrível golpe no ataque às torres gêmeas e capitólio nos Estados Unidos nos ataques de 11 de setembro de 2001. Para Hobsbawm (2016), a partir daquele momento, em nome da segurança internacional, iniciou-se globalmente uma sequencial retirada de liberdades, e o medo do terrorismo passou a assustar muitos países, alguns que nesse início de século XXI vivenciaram outros ataques terroristas em seus territórios.

Essa nova realidade de medo global passou a se estender ao mundo, dando voz a grupos cada vez mais autoritários que agregam o discurso nacionalista, militarista ao armamentista e responsabilizam os governos democráticos, ou social-democráticos pela violência global. Estes grupos desferem seu ódio contra os grupos que nas plataformas democráticas e multilaterais conquistaram direitos importantes: feministas. Lgbtqi+, indígenas, quilombolas, ambientalistas, militantes de direitos humanos, pessoas e partidos de centro esquerda e esquerda e usam as novas ferramentas tecnológicas como estratégia de comunicação.

Para os juristas e ambientalistas que discutem meio ambiente, a exemplo de Ademar Jorge e Vera Lúcia Jucovsky (Direito em tempos de covid-19 (Disponível em: https://youtu.be/2RvpJOp8BW8. Acesso em: 2020), destaca-se que o momento de pandemia, é alarmante a situação do meio ambiente e das comunidades indígenas e que questões como a política antiglobalista do governo atual impactaram negativamente, favorecendo tais violações. São apontados problemas como a captura e a contenção dos órgãos de proteção e fiscalização ambiental; perseguições aos órgãos de fiscalização e as ONGs e movimentos sociais de proteção à natureza, biomas e espécies variadas, o que fere o pluralismo político. As queimadas e os desmatamentos foram agravados na pandemia pela perda de poder dos órgãos ambientais. A natureza, os quilombolas e os indígenas estão sem proteção efetiva. A fragilização da fiscalização acabou por estimular invasões, queimadas e ampliação do ambiente de terror e medo nos grupos de proteção da natureza e dos animais, pois a cidadania, os movimentos sociais e os órgãos de proteção ambiental, funcionando adequadamente, são essenciais para frear tamanho desmonte de direitos e aumento da prática de violações que cresceram no atual governo, o que já vem sendo divulgado nos noticiários internacionais.

A imprensa internacional tem divulgado e denunciado as violações dos direitos da natureza no Brasil, os impactos do desemprego e das incertezas que estimulam o abandono de animais como fatores de ampliação das vulnerabilidades sociais. O distanciamento social aumentou os pedidos de recolhimentos de animais na rua, protetores denunciam a perda de ajuda financeira, ONGs e protetores individuais que sobrevivem de ajuda de voluntários que, durante a pandemia, em sua grande maioria, deixaram de ajudar se encontrão em situação desesperadora. Há reclamação geral nas redes sociais de grupos de protetores coletivos e individuais. Os protetores dos animais não são amparados nem por empresas, nem órgãos estatais. Almeida (2010, p. 65) compreende que o único caminho é "humanizar os homens para que reconheçam a sua posição planetária perante as restantes formas de vida".

Se as redes sociais difundem o ódio dos grupos antidemocráticos, durante a pandemia de coronavírus, elas têm sido de fundamental importância para o crescimento da pauta de proteção animal. Imagens e documentários a exemplo dos que são compartilhados pela BBC News (Disponível em: https://youtu.be/OtsmnqVwd5Q. Acesso em: 1 jul. 2020) espalham imagens e noticiários sobre a atual situação. Também chegam via Facebook, WhatsApp, TVs abertas e fechadas, entre outras ferramentas de comunicação que divulgam as imagens coletadas por indivíduos, câmeras de segurança de residências, lojas comerciais, indústrias, monitoramento eletrônico de cidades, estados e países.

Protetores de ONGs, movimentos sociais e protetores individuais que divulgam atos de crueldade animal proporcionam que as imagens viajem por todos os países provocando imensa comoção, compaixão e revolta pelo desrespeito e pelas violações de direitos dos animais (BBC News. Disponível em: https://youtu.be/VyJzjo5fsrQ/2020). A pandemia revela que é impossível manter o respeito à proteção da natureza e aos animais fora do cenário da democracia, sem respeito à pluralidade de ideias e sem a presença dos movimentos sociais, apelam pela urgência de uma cultura de respeito e reconhecimento da dignidade dos animais.

Considerações finais

O debate sobre a proteção animal na seara dos direitos humanos perpassa, necessariamente, por três categorias fundamentais: senciência, empatia e solidariedade. A articulação dessas categorias vem sendo essencial para a compreensão e a mudança da cultura de convivência com a indiferença e com o sofrimento animal. Mas também se articula ao outro paradigma que reconhece a dignidade e o direito de existir de outras espécies, não apenas a espécie humana a partir da superação do paradigma antropocêntrico pelo paradigma biocêntrico.

São as lutas dos movimentos sociais que, na tensão com o poder público, alcançam avanços e conquistas importantes: Nos trazem as pautas indígenas, ambientais, de gênero e sexualidade. Ético-raciais, e, mesmo nesse ambiente sombrio e fundamentalista do início do século XXI, compreendem a responsabilidade coletiva com a proteção e a garantia dos direitos dos grupos vulneráveis. É também nesse cenário que são tratados como inimigos a serem abatidos pelo crescimento das políticas autoritárias no cenário global.

Não vivemos um ambiente de antagonismo político, o ambiente é de destruição, de extermínio do oponente. Trata-se do clima de tensão política que foi ampliado pela pandemia de coronavírus, colocando parte dos seres humanos em quase total isolamento social. Manter os direitos dos vulneráveis tem sido um imenso desafio democrático para Estados, Movimentos sociais e pessoas comprometidas com o Estado de Direito.

Em face desse novo drama que vive a humanidade, diante de uma pandemia que parou o planeta Terra, em que todas as relações sociais, políticas, econômicas e culturais foram parcialmente congeladas para que a humanidade não seja extinta por um vírus invisível, pode parecer insignificante trazer o debate da proteção animal diante da dor e do sofrimento vivenciado na humanidade. Além das vidas ceifadas pela doença que enfrentamos em escala global, enfrentamos também o crescimento dos desastres naturais, das violações nas legislações ambientais. Crescem os assassinatos de indígenas e militantes dos direitos humanos que lutam para impedir que os crimes ambientais sejam cometidos por particulares ou pela omissão do Estado e exterminem populações tradicionais, biomas e animais. Durante a pandemia outras situações foram denunciadas, como a redução da fiscalização no abate dos animais, na prática da eutanásia, na guarda responsável, no translado de cargas vivas, nos direitos dos animais comunitários e errantes de pequeno, médio e grande portes que habitam espaços urbanos, rurais e florestais. Vidas humanas e não humanas estão interligadas e precisamos compreender que a sobrevivência do planeta e de todas as espécies depende da superação da visão antropocêntrica e utilitarista em relação à natureza, pois somos parte dela.

REFERÊNCIAS

ADIN-4.983 — CE/STF. Disponível em: www.stf.gov.br. Acesso em: 22 jul. 2019.

ALMEIDA, A. *Educação ambiental*: a importância da dimensão ética. Lisboa: Livros Horizonte, 2010.

AZKOUL, M. A. *Crueldade contra animais*. São Paulo: Plêiade, 1995.

BARROS, A. M de; ARAÚJO, E. C. R. de. Direitos Humanos: uma abordagem na perspectiva da proteção animal. *Revista Interdisciplinar de Direitos Humanos*, v. 8, n.1, jan./jun. 2020. Observatório de Educação e Direitos Humanos.

BARLETT, S. J. Raízes da Resistência Humana aos Direitos dos Animais: Bloqueios Psicológicos e Conceituais. *Revista Brasileira de Direito Animal*. Ano 2, jul./dez. 2007.

BBC NEWS. Animais ganham as ruas. Disponível em: https://youtu.be/VyJzjo5fsrQ. Acesso em: 1 jul. 2020.

BBC NEWS. A pandemia de abandono dos animais. Disponível em: https://youtu.be/OtsmnqVwd5Q. Acesso em:1 jul. 2020.

BOBBIO, N. *A era dos direitos:* Rio de Janeiro: Elsevier, 2014.

BOFF, L. *Saber cuidar*. Ética do Humano — Compaixão pela terra. Petrópolis: Vozes, 1999.

BRASIL. *Constituição Federal de 1988*. Senado Federal, Brasília, 2016. Disponível em: www.stf.gov.br. Acesso em: 25 jul. 2018.

CANDAU, V. M. Ferrão; SACAVINO, S. B. Educação em Direitos Humanos e formação de educadores. *Educação*, v. 36, n. 1, p. 59-66, jan./abr. 2013.

CÂMARA, Renato Phaelante da. *Luiz Gonzaga e o cantar nordestino:* memória. Recife: Tese de doutorado em Geografia. UFRPE, 2004

DECLARAÇÃO UNIVERSAL DOS DIREITOS DOS ANIMAIS. UNESCO. Bruxelas, Bélgica, 1978. Disponível em: https://nacoes unidas.org/direitoshumanos/. Acesso em: 26 jul. 2018.

DIAS, A. A.; FERREIRA, L. de F. G.; ZENAIDE, M. T. *Direitos Humanos na Educação Superior:* subsídios para a Educação em Direitos Humanos na Pedagogia. João Pessoa: Editora Universitária da UFPB, 2010.

GOHN, M. da G. Sociologia dos movimentos sociais: um balanço das teorias clássicas e contemporâneas. *Canadian Journal of Latin American and Caribbean Studies,* Campinas, v. 36, n. 72, p. 199-227. Universidade de Campinas, Brasil, 2011.

HOBSBAWM, E. *A era das revoluções.* 14. ed. São Paulo: Paz e Terra, 2016.

LANZA, R.; BERMAN, B. *Biocentrismo.* La vida y la consciência para compreender la naturaleza del universo. Espanha: Sirio, 2012.

LEVAI, L. F. Crueldade consentida — Crítica à razão antropocêntrica. *Revista Brasileira de Direito Animal,* 2006.

LOW, P.; PANKSEPP, J.; REISS, D.; EDELMAN, D.; SWINDEREN, B. V.; KOCH, C. *The Cambridge Declaration On Consciousness,* at Churchill College, University of Cambridge, 2012.

MOLENTO, C. F. M. Senciência animal. *Revista do Conselho Regional de Medicina Veterinária,* Curitiba, v. 16, p. 18, 2005.

SANTOS, B. de S. *A globalização e as Ciências Sociais.* 6. ed. São Paulo: Cortez, 1998.

SCHWEITZER, A. *Filosofia da civilização.* São Paulo: Unesp, 2014.

SEMINÁRIO: O Direito em tempos de Pandemia de COVID-19. Disponível em: https://youtu.be/2RvpJOp8BW8. Acesso em: 4 jul. 2020.

SILVA, L. F. Povos indígenas e meio ambiente. *In*: BRASIL. *Coletânea da Legislação Indigenista Brasileira.* Brasília: CGTD/FUNAI, 2008.

SINGER, P. *O maior bem que podemos fazer.* São Paulo: Edições 70, 2017.

SINGER, P. *Libertação animal.* São Paulo: WMF Martins, 2010.

PLC-27/18 de 8.8.2019. "Animal não é coisa". Disponível em: www.senado.gov. br. Acesso em: 10 ago. 2019.

7

A justiça restaurativa e o direito em tempos de pandemia:
o humanismo em terrenos de desigualdades*

Artur Stamford da Silva
Karina B. de Oliveira Duarte
Marcela Mariz

Introdução

A criminologia crítica, o abolicionismo penal, a teoria crítica, o movimento do *critical legal studies* e o minimalismo penal têm sido acusados de criticar por criticar, de descrever as obviedades das falhas e problemas do sistema de justiça criminal sem oferecer alternativas (Carvalho, 2011, p. 37-40). Ocorre que o direito moderno, com seu *Rule of Law*, mesmo após 1945, com o fim da 2ª Grande Guerra Mundial

---

* O presente trabalho foi realizado com apoio do CNPq, Conselho Nacional de Desenvolvimento Científico e Tecnológico — Brasil. Processo n. 301106/2019-3.

e a criação da Organização das Nações Unidas (ONU), manteve a criminalização como instrumento de controle sob a perspectiva de repressão com uma retórica humanista punitivista e promovendo nada mais que "ilusão de justiça" (Andrade, 2013).

Nesse ambiente, o punitivismo se configura no encarceramento em massa, quando se legitimam práticas de violência estatal cujo apoio social viabiliza a manutenção da perspectiva de direito como vingança social que tem o aprisionamento como única alternativa. Docificar os corpos transgressores tornando-os "corpos produtivos e corpos submissos" (Foucault, 2014, p. 33) é a via aceita socialmente, a qual oculta o quanto a seletividade da repressão oficial do estado reproduz a desigualdade social persistente (Fraser, 2009, p. 23), aquela fomentada por preconceitos legitimadores da violência estatal, o direito como violência oficial (Weber, 1996, p. 653). Diagnosticar as falhas e problemas do sistema de justiça penal é fundamental para advertir o quanto as violências sociais produzidas funcionam em favor da manutenção e preconceitos que ampliam as mazelas das desigualdades sociais, o que nos leva a questionar como: o que se constrói como "crime" socialmente punível e como crime socialmente aceitável? (Oliveira, 2018, p. 23-47); que perspectiva de segurança pública tem instrumentalizado a "forma empírica e concreta do exercício do poder"? (Andrade, 2013, p. 338).

Nossa atenção à Justiça Restaurativa (JR), salientamos, se deve às práticas de JR que temos observado, bem como a ela silenciar críticos que acusam a criminologia crítica de apenas apontar falhas do sistema de justiça penal sem apresentar alternativas. A JR não só é uma resposta às falhas e problemas deste sistema, como se apresenta como alternativa viável a este sistema. Assim, nos arvoramos a contribuir aos esforços de superar a situação atual das práticas de justiça restaurativa no Brasil, no qual a JR é "um tema em expansão, mas com pouca clareza quanto a sua direção e ao seu entendimento (Achutti; Pallamolla, 2017, p. 279-289).

Esse é o diagnóstico atual que fazemos da JR por ela vir ganhando notoriedade via o judiciário (Cruz, 2013, p. 77-81; Salmaso, 2016,

p. 18-65), ainda que este não seja o lugar mais propício para a aplicação de práticas de justiça restaurativa porque este espaço pressupõe a autoridade do estado, o que resulta um afastamento da vítima na participação do processo decisório. A JR, inclusive, tem sido praticada em ambientes familiares, escolas, ONG's, associações comunitárias de moradores, universidades, empresas e outros espaços sociais que ultrapassam as estruturas de uma justiça criminal inserida nos tribunais (Griffiths, 1996, p. 200-2002). Tampouco a Justiça Restaurativa é o procedimento dedicado ao perdão, como se práticas restaurativas servissem para substituir a justiça distributiva (Morrill, 2017, p. 10-36).

Essa situação, entendemos, não se deve à falta de uma definição para a justiça restaurativa. Partimos do pressuposto que estabelecer definições não conduz a práticas restaurativas. Não por isso negamos que esforços foram e são indispensáveis para evitar que Justiça Restaurativa perca sua diferenciação, ou seja, que práticas de Justiça Restaurativa sejam confundidas com outras vias de tratamento de situações de conflito social. Porém, a necessária formação de uma cultura de Justiça Restaurativa (Mendonça, 2019, p. 2077-2097) não depende de uma ontologização da justiça restaurativa, mas de sua diferenciação, para a qual é suficiente não confundir sua função com outras práticas de tratamento de situações de conflito social.

Assim, entendemos que a justiça restaurativa não se inscreve como mecanismo de superação da morosidade processual jurídica, de solução para o encarceramento em massa, para o fim dos preconceitos aplicados na prática do direito penal estatal, mas sim como caminho alternativo ao modo de lidar com conflitos sociais a partir de uma perspectiva de sociedade plenamente diversa da que se ensina nas faculdades de direito e se tem estimulado com a perspectiva de controle, de direito como vingança, como consolo à vítima e/ou aos seus familiares, direito como violência oficial legitimada. Entendemos, fique claro, a justiça restaurativa como alternativa prática para construção de uma perspectiva de ressignificação da função social do direito, afinal, "o direito não tem porque desistir da ideia de justiça" (Luhmann, 2005, p. 278).

Nossas pesquisas, com essa perspectiva, estão dedicadas a observar práticas de aplicação da Justiça Restaurativa, entender como ela tem sido realizada nas escolas, nas famílias, em empresas e no judiciário, o que implica considerar que a justiça restaurativa é mais que um modelo ou método, pois envolve também elementos teóricos, como é o que ocorre com a multiplicidade de aplicações de práticas restaurativas, a exemplo, da mediação vítima-ofensor (VOM), como desenvolvido no Canadá (Pelikan; Teneczek, 2008, p. 67-68), das práticas familiares de conferências restaurativas, desenvolvida na Nova Zelândia (Maxwell; Moris; Hayes, 2008, p. 91-93), da prática dos círculos de construção de paz desenvolvida nos Estados Unidos, especificamente em Boston (Pranis; Stuart, 2008, p. 121-126), da comunicação não violenta com Marshal Rosemberg (2019), dos círculos de responsabilidade aplicados em escolas e famílias (CLEAR, 2008, p. 463-471), dos círculos de classe aplicados em escolas (Petresky; Markovits, 2014, p. 207-228), dos encontros com facilitação proposto por Howard Zehr (2015, p. 59-80). Essas práticas, por si só, não são necessariamente restaurativas, podem ou não ser práticas de justiça restaurativa conforme promovam efetiva restauração da vítima e do ofensor. Vale lembrar que vítima pode ser familiares, pessoas do entorno social, colegas de turma ou de trabalho, moradores de um bairro e não exclusivamente a pessoa física que sofreu a ação, assim fosse, não caberia pensar em justiça restaurativa nos casos de homicídio, por exemplo.

Segundo o Fórum Brasileiro de Segurança Pública[1] houve aumento considerável de queixas de violência doméstica, aos quais somamos que, segundo a ONU, a cada vinte três minutos morre um jovem negro no Brasil[2] e que há um aumento, nesse período de isolamento social, do número de adolescentes em cumprimento de medidas socioeducativas em Pernambuco (Mesmo com as recomendações do CNJ por

---

1. Dados do Instituto Brasileiro de Direito de Família: disponível em: http http://www.ibdfam.org.br/noticias/7234/Crescem+os+n%C3%BAmeros+de+viol%C3%AAncia+dom%-C3%A9stica+no+Brasil+durante+o+per%C3%ADodo+de+quarentena. Acesso em: 28 out. 2020.

2. Dados da ONU/Brasil. Disponível em: https://nacoesunidas.org/campanha/vidas-negras/. Acesso em: 20 jul. 2020.

meio da Recomendação n. 62/2020). Em 23/03/2020, o número total de adolescentes em cumprimento de medidas socioeducativas no Estado correspondia a 771; em 20/07/2020 são 773 adolescentes[3]. Tais informações nos levam a refletir sobre o lugar da cultura de justiça restaurativa para lidar com tais situações, ainda mais neste momento de isolamento social, quando práticas como círculo restaurativo são inviáveis. Assim, nos movemos nessas reflexões pela questão de a justiça restaurativa ser alternativa para lidar com as violências mesmo nas condições atuais devido à covid-19, afinal, o conflito como fenômeno social que é não pode seguir sendo tratado como natural, mas como formação social (Batista, 2011, p. 15).

Assim é porque a JR se dispõe como alternativa para se percorrer caminhos de reconhecimento, dê vez e voz aos envolvidos em situações de conflito, o que implica um afastamento do punitivismo.

Ainda que a JR, no Brasil, esteja se desenvolvendo pela via judiciária, ela foi impulsionada por movimentos sociais responsáveis por um arcabouço construtivo aos aspectos teóricos do movimento restaurativo, afinal, tais movimentos

[...] influenciaram sobremaneira a sua emergência: Movimentos pelos direitos civis, sobretudo em defesa dos direitos humanos dos presos, que denunciavam a discriminação racial e, ao mesmo tempo, lutavam pela redução do encarceramento e por alternativas às prisões. Movimentos feministas e de mulheres, que denunciavam o sexismo e a chamada "vitimização secundária". Movimentos e grupos de defesa dos direitos das vítimas (victima advocacy). Movimentos pela emancipação indígena. Iniciativas e experiências judiciárias, policiais e sociais dos anos de 1970 que podem ser reconhecidas como restaurativas: resolução de conflitos; programas de reconciliação vítima-ofensor; mediação vítima-ofensor; conferências de grupos familiares (family group conferences); círculos de

---

3. Dados informados pela Fundação de Atendimento Socioeducativo/FUNASE. Disponível em: https://www.funase.pe.gov.br/estatisticas/quantitativo-populacional-diario-2020. Acesso em: 20 jul. 2020.

sentença *(sentencing circles)*, dentre outras práticas. O comunitarismo e o abolicionismo penal, este último com base na criminologia crítica dos anos 1970 e 1980 (Andrade, 2018, p. 56-57).

Mesmo emergindo a partir de diversas contribuições, é incipiente estabelecer uma definição satisfatória de justiça restaurativa que aglutine seus elementos (Rosemblatt, 2014). Não por isso JR é um "vale tudo", pois há elementos identificadores que, mesmo diante da pluralidade de práticas restaurativas, permitem se identificar quando e se determinado procedimento é um caso de justiça restaurativa e quando não. É o que depreendemos ao acatar que um procedimento é restaurativo se realizado promovendo simultaneamente três elementos: "1. O mal cometido precisa ser reconhecido. 2. A equidade precisa ser restaurada. 3. É preciso tratar das intenções futuras" (Zehr, 2015, p. 56). Ainda que muito genérico, estas ideias ajudam a diferenciar quando um procedimento é justiça restaurativa.

Diferenciar o que seja justiça restaurativa é importante não para se promover uma espécie de "reserva de mercado" de instrutores, facilitadores e aplicadores de Justiça Restaurativa, mas para se compreender os objetivos que suas práticas pretendem alcançar, o que não pode resultar em distorções, como se tem observado em casos que enveredam por caminhos que promovem novas vias de controle, de hierarquia e poder que efetiva ação restaurativa. Esse é o alerta diante da "presença de cada vez mais programas que se intitulam 'Justiça Restaurativa', não é raro o significado desse termo se tornar rarefeito ou confuso" (Zehr, 2015, p. 14).

A contribuição que se pretende aqui é alertar para que a filosofia da justiça restaurativa e suas práticas não caiam na tentação de reproduzir perspectivas punitivistas e mecanismos de controle social produtor de desigualdades sociais, o que se tem observado quando os envolvidos esquecem que o protagonista da solução não pode ser eles, mas as partes envolvidas, com certa ênfase na vítima e na participação da comunidade.

DIREITOS HUMANOS EM TEMPOS DE PANDEMIA DE CORONAVÍRUS

Assim, essas reflexões estão dedicadas às possibilidades teórico-metodológicas de desenvolvimento e aplicação da Justiça Restaurativa no Brasil, o que envolve fortalecimento dos direitos humanos, afinal, a Justiça Restaurativa não está desconectada com os movimentos históricos e os desafios, em especial em cenários de crises de largas proporções, de se pensar e construir alternativas efetivas à reprodução de desigualdades.

Partindo de que "é preciso expor os conflitos e mostrar sua face mais bruta e desigual" (Achutti; Pallamolla, 2019, p. 15) para então entender que Justiça Restaurativa é uma via comprometida com transformações sociais porque pautada por participação, por heterarquia, por uma perspectiva de justiça afastada da lógica de controle como a única alternativa; o que vem ganhando atenção com o cenário da crise epidêmica e sanitária da covid-19, impondo a todos pensar o impensável, visitar suas perspectivas e práticas cotidianas; impondo que encaremos os problemas que nos constituem de frente, para então "encontrar novos caminhos, dissociados das formas punitivas hegemônicas." (Achutti; Pallamolla, 2019, p. 15).

Em solos de desigualdades

O perfil das pessoas que são encaminhadas ao cárcere[4] evidencia as marcas estruturais dos preconceitos que registram padrões de exclusão social vigentes, como denuncia Howard Becker com a teoria da rotulação (Oliveira, 2018, p. 53-55), a produção da legitimação, de uma opinião pública, que estigmatiza o "inimigo social" por meio de sua moralização, como construímos a sociedade punitiva e sua lógica de criminalização de uns ilegalismos e aprovando outros, como ocorre

---

4. INFOPEN, sistema operativo, cuja alimentação de dados é de responsabilidade das Secretarias de Administração Penitenciária de cada unidade federativa. Ministério da Justiça. População Carcerária — Sintético 2017, 1. semestre. Disponível em: http://depen.gov.br/DEPEN/depen/sisdepen/infopen. Acesso em: 28 out. 2020.

quando dentre os ilegalismos popular, comercial, privilegiado e do poder, se nega apenas o popular (Foucault, 2015, p. 132-133), afinal a docificação dos corpos indica que alternativa da prisão como processo humanitário não fez mais que tangenciar práticas de castigo sob a tese humanitária (Oliveira, 2017, p. 105). Recortes de raça, classe e gênero evidenciam essa realidade e expõem os processos das relações sociais eivadas em preconceitos cotidianamente "justificadas". Tudo isso promovendo o fortalecimento de um estado penal que opera com a estruturação de um Estado mínimo (Wacquant, 2001), o que tem respaldado a redução drástica das políticas sociais, afinal

> [...] desenvolver o Estado penal para responder às desordens suscitadas pela desregulamentação da economia, pela dessocialização do trabalho assalariado e pela pauperização relativa e absoluta de amplos contingentes do proletariado urbano, aumentando os meios, a amplitude e a intensidade da intervenção do aparelho policial e judiciário, equivale a (r)estabelecer uma verdadeira ditadura sobre os pobres (Wacquant, 2004, p. 6).

Assim, refletir sobre os aspectos que caracterizam as políticas sociais brasileiras sugere um olhar cauteloso sobre compreensões focalizadas que não correspondem à complexa dimensão social que tais políticas revelam por abrigar processos de lutas e conquistas por meio de mobilizações populares decorrentes dos aspectos capital-trabalho (Behring, 2016).

Na atualidade, e em resposta às cartilhas econômicas, o formato dessas políticas são ordenadas por perfis focalizados e compensatórios, que pouco incidem em transformações de níveis de desigualdades, mas que obtêm impactos circunstanciais na vida dos trabalhadores (Behring, 2016, p. 18). "[...] razão pela qual devemos defender esses programas, especialmente a ampliação significativa do valor dos benefícios" (Behring, 2016, p. 18). Behring ainda cita:

> [...] Segundo a revista Carta Capital, de 22/05/2015, pouco mais que um ano atrás, logo depois da posse de Dilma Roussef, "os ministérios

das Cidades, da Saúde e da Educação lideraram os cortes no Orçamento Geral da União de 2015. Juntas, as três pastas concentraram 54,9% do contingenciamento (bloqueio) de R$ 69,946 bilhões de verbas da União. No Ministério das Cidades, o corte chegou a 17,232 bilhões de reais. Na Saúde, o bloqueio atingiu 11,774 bilhões de reais. Na Educação, o contingenciamento totalizou outros 9,423 bilhões de reais" (BEHRING, 2016, p. 15).

Nesse ínterim, a crise sanitária devido à covid-19 evidenciou, com características potenciais, as desigualdades já existentes nas relações sociais, evidenciando sua manutenção pelas vias do estado moderno. A crise sanitária, inclusive, desafia o regionalismo, ela está instalada em todas as partes do mundo, ainda que em algumas regiões seu tratamento tem evidenciado o apoio que discursos de ódios têm na opinião pública, principalmente quando o poder executivo opta pelo negacionismo, como se observa em ações como a não ampliação de acesso de grande parte da população ao Benefício de Prestação Continuada (BPC), só para citar um exemplo. Bem como se tem observado diante dos casos envolvendo a implementação do auxílio emergencial, que teve por proposta inicial de R$ 200,00 e foi, ao final, aprovado pelo Congresso Nacional com o valor de R$ 600,00.

O que a Justiça Restaurativa tem a ver com isso? Ela se aponta como alternativa à lógica punitivista, à lógica de o direito ser instrumento de vingança social, visão que ainda se perpetua na modernidade, mesmo passados mais de duzentos e cinquenta anos do movimento humanista, quando a arbitrariedade do julgador e a crueldade são negadas a qualquer definição de direito (Yntema, 1958, p. 493), como lemos no iluminismo idealista de Beccaria, com seu livro *Dos delitos e das penas*, publicado em 1764, seguido da fase cientificista com Lombroso — *Homem delinquente*, de 1876, e do positivismo penal-sociológico de Ferri e Garafalo, a criminologia crítica com Barata, o etiquetamento *(labelling approach)* com Norbert Elias, Becker e David Matza, a teoria do conflito com Sellin e Vold, e as ideias de Bonger, Pashukanis, Rusche e Frantz Fanon. Percurso este que levou a humanidade da pena como retribuição, passando pela perspectiva finalista (da prevenção), até a pena como justiça retributiva (Anitua, 2017).

Ocorre que o encarceramento em massa marca a sociedade atual, não só a brasileira, e ensina que "o Poder Judiciário há muito contribui para o aprofundamento da crise no sistema de justiça criminal" (Fingermann, 2016, p. 10), bem como ensina que — inclusive quando se observa o uso do encarceramento como vingança social em razão dos preconceitos como temos com o feminismo negro (Borges, 2019, p. 16-25) — a lógica punitivista, mesmo sob o viés humanista, põe a atenção, no processo penal, no acusado, deixando a vítima à margem. Retirar destes lugares a vítima e o acusado e lhes propiciar um protagonismo decisório no tratamento da violência vivenciada é a principal marca da Justiça Restaurativa.

A perspectiva da JR, justamente por sua tônica no protagonismo dos envolvidos, nos permite observar os espelhos das desigualdades, cujas imagens estão refletidas no mundo da vida, como ocorre quando formas de violência aumentam face ao isolamento social devido à covid-19, como casos de alcoolismo, depressão, violência doméstica contra mulheres, crianças e idosos (Fórum Brasileiro de Segurança Pública, 2020). Quando se consideram as diversas categorias (classe, raça, gênero, trabalho) que excluem pela via do preconceito e legitimam a violência estatal, temos que o problema aumenta quando essas categorias se intersecionam, pois nestes casos as marcas da desigualdade se amplificam em estruturas de uma política penal punitiva, a exemplo da mulher, negra, de baixa renda.

Nesta perspectiva, as especificidades do controle social penal, marcantes em estruturas de dominação, apresentam características próprias em terrenos latinos, tais como: a repressão das classes mais vulneráveis, alijadas dos processos produtivos do capital (os chamados exércitos de reserva); a isenção das classes dominantes no cometimento de atos delituosos e as importações de saberes hegemônicos impostos à formação latino-americana (Santos, 1984). Inclusive quando se tem que "cidadania é incompatível com ingerências bloqueantes e destrutivas de particularismos políticos e econômicos" (Neves, 1995, p. 26), o implicaria numa "cidadania inexistente", afinal, cidadania envolve integração jurídica igualitária, portanto, a existência de subintegração e de sobreintegração inviabiliza haver cidadania nos países periféricos, como é o Brasil (Neves, 1994, p. 259). O que nos remete a Henrique Dussel ao alertar para que a perspectiva do outro não deve se configurar como domínio de subordinação como se observa presente nas formações de países periféricos e se perpetua com a manutenção das desigualdades (2001). Bem como lembra que a visão de que:

> A experiência europeia do descobrimento se reveste na forma de negação e de encobrimento do Outro, encoberto em sua alteridade. O índio não foi descoberto como Outro, mas reconhecido como o mesmo, mas diferente. Reconhecimento que pressupõe o já conhecido e a negação do outro como Outro, como alteridade (Oliveira; Dias, 2012, p. 92-93).

Com a JR lembramos a importância de a comunidade crítica dever se "desconstruir efetivamente no sistema sua negatividade e transformá-lo (ou produzir outro novo), para que as vítimas possam viver, participando simetricamente nas decisões" (Dussel, 2001, p. 29).

É com essa perspectiva ética que se pauta a essência do outro em sua humanidade e alteridade, preceito da JR quando substitui a punibilidade pautada pela atenção ao agressor e exclusão da vítima no processo de decisão sobre o caso, o que nada mais faz que perpetuar as desigualdades e promover a ineficiência do sistema de justiça. Com a JR a visão das mobilizações e reconhecimento das autonomias nos processos decisórios da vida em comunidade são enfatizados, é o que ocorre nas práticas restaurativas. Não tem lugar a reprodução de mais controle social, mas sim reflexividade dos envolvidos, o que evita mecanicismos burocratizadores das decisões e equaciona práticas em que os protagonistas são os envolvidos e não terceiros, inclusive porque se:

> os defensores da mudança não estiveram dispostos a reconhecer e atacar esses prováveis desvios, seus esforços poderão acabar produzindo

algo muito diferente do que pretendiam. De fato, as "emendas" podem acabar sendo muito piores que o "soneto" que planejavam reformar ou substituir (Zehr, 2015, p. 15).

Ocorre que alguns padrões geraram "mitos" construídos envolta de discursos restaurativos, os quais necessitam ser trabalhados para não se tornarem retóricas prejudiciais e destitutivas de práticas de Justiça Restaurativa. Os quatro principais mitos são:

(1) justiça restaurativa é o oposto da justiça retributiva, (2) a justiça restaurativa usa práticas de justiça indígena e foi a forma dominante da justiça pré-moderna, (3) a justiça restaurativa é um "cuidado" (ou feminino) resposta ao crime em comparação com uma resposta de "justiça" (ou masculina) e (4) pode-se esperar que a justiça produza grandes mudanças nas pessoas (Daly, 2002, p. 55).

Assim, Kathleen Daly alerta para o cuidado e a atenção impres-cindíveis para que práticas de Justiça Restaurativa não se tornem formas de justiça retributiva. Agregar mais esse desafio às práticas de JR é fundamental, principalmente quando não se tem uma cultura de JR, mas sim uma cultura punitivista, uma sociedade que legitima a justiça como uma espécie de direito à vingança. Assim é que seguimos estas reflexões partindo para a relação entre a Justiça Restaurativa e os direitos humanos, ambos passíveis dessas mitologias e de retóricas que mais disfarçam que viabilizam a construção de uma sociedade saudável (Elliott, 2018).

Justiça Restaurativa e Direitos Humanos

Ao adentrarmos no terreno histórico dos Direitos Humanos, deparamo-nos com conquistas sólidas que perduram até hoje, desde suas concepções na Revolução Americana e na Francesa aos textos constituídos pela Declaração Universal formulada em 1948. Como também, verificam-se recuos e desmontes do que então parecia consolidado.

Ainda assim, não se pode deixar de anunciar o significado vitorioso das legislações promulgadas e positivadas na proteção de defesa dos direitos individuais e humanos, o que coloca o homem como peça central nos processos sociais em sociedade. Norberto Bobbio em sua frase paradigmática afirma que "O problema fundamental em relação aos direitos do homem, hoje, não é tanto o de justificá-los, mas o de protegê-los. Trata-se de um problema não filosófico, mas político" (Bobbio, 1992, p. 16). E que tais direitos se constituem do correr do processo e lutas históricas.

Numa concepção contemporânea dos direitos humanos, temos o que assevera Hannah Arendt, em *As origens do totalitarismo* (2004), ser os direitos humanos um construído, uma invenção humana, em constante processo de construção e reconstrução. Herrera Flores (2003) ressalta, outrossim, uma perspectiva de conquistas concretizadas ao enfatizar que os direitos humanos compõem a nossa racionalidade de resistência, na medida em que traduzem processos que abrem e consolidam espaços de luta pela dignidade humana.

Contudo, não se pode deixar de constatar que os processos de avanços dos direitos humanos e das liberdades individuais priorizaram-se a partir de concepções uniformizadas das apreensões do Euro-Centro, e as conquistas humanas foram postas por concepções de supremacia do lado vencedor.

Por essa razão, diante do cenário de domínio e de constituições de valores estereotipados, há, em amplitude global, um estado de crise sistêmica. Veem-se diversos conflitos em curso nas sociedades vigentes com o esfacelamento de políticas sociais e direitos humanos, a partir de lógica de um Estado cada vez mais mínimo e sob a égide das estruturas econômicas.

Por esses aspectos, levantam-se posicionamentos epistemológicos a fim de elucidar uma construção dos Direitos Humanos esboçada nas realidades de contextos periféricos, com fito de constituir uma trajetória que traga como pano de fundo o olhar de exterioridade emancipatória a partir da própria realidade.

Podemos entender esse contexto de violações e alerta às crises perpetradas na sociedade quando nos deparamos com o atual modelo de administração da justiça criminal. Modelo que se revela em crise, uma vez que viola os direitos humanos não apenas do infrator, como também da vítima, e, consequentemente de toda a sociedade, sem apresentar nenhuma boa solução, seja para a resolução satisfatória dos conflitos individualmente considerados, seja para a problemática do crescimento exacerbado da criminalidade.

Zaffaroni (2017), na obra *Em busca das penas perdidas: a perda da legitimidade do sistema penal,* comenta que a situação do penalismo latino-americano é crítica. Aduz que a condição é insustentável e que, como em qualquer emergência, atuam mecanismos negadores que aparentam conservar a antiga segurança de resposta, ainda que reconheçam a existência do problema, porém sem confrontar a crise. Assim, propõe que ocorre uma progressiva perda das penas, ou seja, as penas se apresentam como instrumentos de imposição de dor sem sentido, de modo que são desprovidas de racionalidade. O sistema penal semeia dor e morte, na visão do doutrinador, estando frente a um discurso que se desarma ao mais leve toque com a realidade.

Em virtude do esgotamento do que Zaffaroni (2017, p. 13) chama de "arsenal de ficções gastas", os órgãos do sistema penal, ao racionalizar cada vez menos, exercem seu poder para controlar uma cifra social cuja marca é a morte em massa. O doutrinador cita terríveis indicadores de desigualdade social e fome que são, no seu entender, apoiados em poderes que sustentam essa realidade letal, os quais são alicerçados, por sua vez, em considerável medida, no exercício de poder dos órgãos do sistema penal que, na maioria dos países da América Latina, operam com um nível de violência tão alto a ponto de causar mais mortes do que a totalidade dos homicídios dolosos entre desconhecidos praticados por particulares.

Em contraposição ao atual sistema de Justiça Retributiva, Morris (2005) propõe que a Justiça Restaurativa acentua os direitos humanos e a necessidade do reconhecimento do impacto de injustiças sociais e de alguma forma atua na busca por soluções para esses problemas. A Justiça Restaurativa encoraja um respeito e sensibilidade pelas diferenças culturais, e não a preponderância de uma cultura sobre outra.

Ora, o que se traz ao presente texto é a ótica de pensar o contexto histórico a partir de uma filosofia da libertação, propondo uma reconfiguração do modelo de Estado pensado a partir do contexto sócio-político-histórico de cada sociedade e lançando luz aos atores postos à margem da história (Dussel, 2001).

A proposta é o desenvolvimento de um processo que põe em pontuação uma justiça democrática e decolonial, de modo a penetrar as estruturas sociais. Pensada a partir de uma lógica de alteridade, a filosofia da libertação coloca o outro e seu Rosto como protagonistas no processo de formulação das estruturas da quais cada sujeito encontra-se inserido; gerando uma propulsão nas formulações e conquistas dos direitos humanos em contraposição a uma lógica totalizante.

Tal percurso traz à tona um movimento de construção do reconhecimento do outro e de suas condições de humanidade. Movimento que afasta do nosso imaginário cotidiano a hipótese de naturalização dos processos de desigualdade, como se a exclusão promovesse eliminação dos excluídos (Herrera Flores, 2009).

Ora, diante da gama de complexidades estruturais que perpassam no cotidiano da vida das pessoas, a justiça restaurativa não deve se abster dos movimentos diários que pautam os processos sociais. Ao contrário: "Não se trata, por isso mesmo, de um modelo monolítico, mas plural, com diferenciações internas que expressam, a sua vez, especificidades dos contextos de produção" (Andrade, 2012, p. 334).

Notamos que a imbricação da justiça restaurativa com os direitos humanos reforça seus valores e princípios, por meio de um processo dialogal, de participação ativa dos reais atores do processo: os próprios sujeitos em sociedade. Isso para que, no encontro, reconheçam a melhor reparação de um determinado dano sofrido.

É nesta visão de justiça plural que a Justiça Restaurativa se mostra promissora, principalmente quando se tem a atenção e se analisa a satisfação que o resultado de certas práticas pode propiciar aos envolvidos. As experiências ao redor do mundo e também no Brasil demonstram que a Justiça Restaurativa possui potencial e pode alcançar melhores resultados que o tradicional sistema de justiça.

Restaurativismo contra a lógica punitivista e seus mecanismos de controle social

O punitivismo na sociedade atual vem mostrando a quem é dirigido a tal ponto de questionarmos a relação existente entre desigualdade, democracia e justiça penal. No questionamento dessa relação, nos deparamos com o que é a base desse texto, a reflexão sobre as desigualdades perpetradas. Nesse sentido, refletimos as possibilidades de uma participação efetiva da população, da sociedade na administração da justiça; analisando tal perspectiva a Justiça Restaurativa encontra terreno fértil. Todo contexto nos provoca a refletirmos: que Justiça Restaurativa e movimento restaurador estamos propondo e construindo?

Em busca do rompimento aos mecanismos de controle e da lógica punitivista, é salutar alertar qual Justiça Restaurativa queremos e estamos construindo, pois a ampliação dos espaços democráticos formará um fundamento mais forte em relação ao movimento restaurador, ao lado da reconstrução do sistema de regulação social (Sica, 2007). A proposta trazida neste espaço é o de refletir a partir dos escritos e leituras, mas, para além disso, é oportuno propor que os movimentos da sociedade, sobretudo a latino-americana, principalmente os advindos das práticas restauradoras, não caiam em ampliação do controle penal e a violação das garantias jurídicas (Pallamolla, 2009).

Importante lembrar que, na pergunta sobre qual Justiça Restaurativa queremos e estamos construindo, pela reflexão contra o punitivismo e aos mecanismos de controle social, temos que é papel

DIREITOS HUMANOS EM TEMPOS DE PANDEMIA DE CORONAVÍRUS

desse movimento restaurador com grande poder de difusão romper e se abster daquilo que é ensinado sobre poder e controle, exercido também pelas instituições disciplinares, à luz do legado deixado por Michel Foucault que assim aduz:

> Processos mínimos, de origens diferentes, de localizações esparsas, que se recordam, se repetem, ou se imitam, apoiam-se uns sobre os outros, distinguem-se segundo seu campo de aplicação, entram em convergência e esboçam aos poucos a fachada de um método geral. Encontramo-los em funcionamento nos colégios, [...] circulam às vezes muito rápido de um ponto a outro, [...] de arranjos sutis, de aparência inocente e que obedeçam a economias inconfessáveis ou que procuram coerções sem grandezas [...] técnicas sempre minuciosas, muitas vezes íntimas, mas que têm sua importância: porque definem um certo modo de investimento político e detalhado do corpo, uma nova "microfísica" do poder (Foucault, 2014).

Ou seja, a Justiça Restaurativa deve se afastar de processos enveredados sob exploração econômica, sob fachadas que disciplinam mais que emancipam. Ademais, os valores implícitos e explícitos de uma justiça social sobrepõem-se ao sistema engessado da lógica punitiva e de controle dos indivíduos. A proposta restaurativa se adequa a pensar uma nova subjetividade que enalteça o indivíduo e o seu papel ativo na sociedade. Além disso, apresenta a necessidade de redefinição dos problemas, das estruturas de poder e validação da autonomia pelo empoderamento das partes, de toda comunidade social.

É nessa proposta que se encaixam perfeitamente os ensinos de Braithwaite, quando se pensa em rompimento com a lógica punitivista e de controle social implantada no sistema de justiça penal atual, considerando que as práticas restaurativas sejam instrumentos de transcendência da não dominação, empoderamento, escuta respeitosa e preocupação igualitária com todos os participantes (Braithwaite, 2003). Ao sustentar uma argumentação científica em defesa da Justiça Restaurativa, rompendo com os paradigmas atuais, vemos a necessidade de implantação constante de uma forte ligação horizontal e justa entre direito e sociedade. Ligação que deve existir pautada na singularidade e no respeito aos preceitos da Justiça Restaurativa.

Outrossim, sabemos que estabelecer que Justiça Restaurativa queremos, e tentar formulá-la de modo acabado, é cair na vaidade do debate. Entretanto, a preocupação constante na evolução de suas práticas deve ser objeto de nossa sociedade, visando que os conflitos sociais apresentados sejam geridos em funcionamento e condizentes com o estágio cultural e tecnológico de nossa civilização (Sica, 2007).

Considerações finais

Nossa contribuição ao debate da justiça restaurativa se reduz ao estímulo de realização de pesquisas empíricas sobre a aplicação da JR, a qual se aponta como resposta crítica ao punitivismo e ao encarceramento em massa, não por se pôr como solução última, mas por trazer evidências de ser uma alternativa eficiente para uma sociedade que lide com o sistema penal afastada da lógica da vingança social.

Das pesquisas já realizadas, observamos que o encarceramento em massa, os níveis de aprisionamento, a violência estatal, o "déficit" de cidadania e de efetividade dos direitos humanos e fundamentais não têm por única alternativa de gerenciamento um sistema penal que lida com os problemas sociais pautado pelo punitivismo, como se ainda é vingança uma lógica jurídica pertinente na sociedade atual. A via da exclusão patrocinada pela promoção de preconceitos que legitimam exclusões sociais não se inscreve como viável, como a história nos escreve e nos conta.

Como temos observado, as práticas de Justiça Restaurativa indicam sim alternativas eficientes e viáveis como via de construção para uma sociedade na qual as manifestações de violências sejam tratadas pela perspectiva de restauração de condições de convício social menos violento, portanto, que tenha as violências manifestas tratadas como problema social, o que implica lidar com tais situações via a participação não só daqueles diretamente envolvidos, mas também de familiares, da comunidade e da sociedade como um todo.

REFERÊNCIAS

ACHUTTI, Daniel; PALLAMOLLA, Raffaella. Prefácio. In: CARVALHO, Thiago Fabres de; BOLDT, Raphael; ANGELO, Natieli Giorisatto de (Org.). *Criminologia crítica e justiça restaurativa no capitalismo periférico.* São Paulo: Tirant lo Blanch, 2019. p. 11-16.

ACHUTTI, Daniel; PALLAMOLLA, Raffaella. Levando a justiça restaurativa à sério: análise crítica de julgados do Tribunal de Justiça do Rio Grande do Sul. *Revista Eletrônica Direito e Sociedade* (REDES), Canoas, v.5, n. 2, p. 279-289, nov. 2017.

ANDRADE, Vera Regina Pereira de (coord.). Pilotando a Justiça Restaurativa: o papel do poder judiciário. 2018. Disponível em: https://www.cnj.jus.br/wpcontent/uploads/2011/02/722e01ef1ce422f00e726fbbee709398.pdf. Acesso em: 1 jan. 2020. [A referida pesquisa procurou mapear os programas e práticas restaurativas em tribunais de justiça do país. Foram classificados 19 programas em desenvolvimento, assim como seus aportes teóricos e metodologias desenvolvidas.]

ANDRADE, Vera Regina Pereira de. *Pelas mãos da criminologia:* o controle penal para além da (des) ilusão. Rio de Janeiro: Revan; ICC, 2012.

ANDRADE, Vera Regina Pereira de. *A ilusão da justiça.* Rio de Janeiro: Revan, 2013.

ANDRADE, Vera Regina Pereira de. A Mudança do Paradigma Repressivo em Segurança Pública: reflexões criminológicas críticas em torno da proposta da 1. Conferência Nacional Brasileira de Segurança Pública1. *Seqüência,* n. 67, p. 335-356, dez. 2013. Doi: http://dx.doi.org/10.5007/2177-7055.2013v34n67p335

ANITUA, Gabriel Ignacio. *Histórias dos pensamentos criminológicos.* Rio de Janeiro: Revan, 2017.

ARENDT, Hannah. *As origens do totalitarismo*. Trad. Roberto Raposo. São Paulo: Companhia das Letras, 2004.

BATISTA, Vera Malaguti. *Introdução crítica à criminologia brasileira*. Rio de Janeiro: Revan, 2011.

BEHRING, E. R. A condição da política social e a agenda da esquerda no Brasil. In: *SER Social*, Brasília, v. 18, n. 38, p. 13-29, jan./jun. 2016.

BOBBIO, Norberto. *A era dos direitos*. Rio de Janeiro: Campus, 1992.

BORGES, Juliana. *Encarceramento em massa*. São Paulo: Pólen, 2019.

BRAITHWAITE, John. Principles of restorative justice. VON HIRSCH, A.; RO-BERTS, J.; BOTTOMS, A.; ROACH, K.; SCHIFF, M. (eds.). *Restorative justice & criminal justice: competing or reconcilable paradigms?* Oxford and Portland: Hart Publishing, 2003. p. 1-20.

CARVALHO, Salo de. *Antimanual de criminologia*. Rio de Janeiro: Lumen Juris, 2011.

CARVALHO, T.; DE ANGELO, N.; BOLDT, R. *Criminologia crítica e justiça restaurativa no capitalismo periférico*. 1. ed. São Paulo: Tirant lo Blanch, 2019.

CLEAR, Todd R. Community justice versus restaurative justice: contracts in Family of value. *In*: SULLIVAN, D.; TIFFT, L. *Handbook of restaurative justice*. London/New York: Routledge, 2008. p. 463-471.

CRUZ, Rafaela Alban. *Justiça restaurativa*: um novo modelo de justiça criminal. Tribuna Virtual, ano 1, n. 2, p. 782, mar. 2013.

DALY, Kathleen. Restorative justice: the real story. *Punishment & Society*, v. 4, n. 1, p. 55-79, 2002.

DUSSEL, Enrique. *Hacia uma filosofia política crítica*. Bilbao: Desclée de Brouwer, 2001.

ELLIOTT, Eliabeth M. *Segurança e cuidado*. Justiça restaurativa e sociedades saudáveis. Trad. Cristina Telles Assumpção. São Paulo: Palas Athena; Brasília: Abraminj, 2018.

FINGERMANN, Isadora. A parte que lhe cabe desse latifúndio. *In*: *Informativo da Rede Justiça Criminal*, n. 8. Os números da justiça criminal no Brasil, jan. 2016, p. 10-11.

FÓRUM BRASILEIRO DE SEGURANÇA PÚBLICA. *Nota técnica. Violência doméstica durante a pandemia de covid-19-ED.2.* 29 de maio de 2020. Disponível em: https://forumseguranca.org.br/wp-content/uploads/2020/06/violencia-domestica-covid-19-ed02-v5.pdf. Acesso em: 13 ago. 2020.

FOUCAULT, Michel. *Vigiar e punir:* nascimento da prisão. 42. ed. Trad. Raquel Ramalhete. Rio de Janeiro: Vozes, 2014.

FOUCAULT, Michel. *A sociedade punitiva.* Trad. Ivone Benedetti. São Paulo: Martins Fontes, 2015.

FRASER, Nancy. Reenquadrando a justiça em um mundo globalizado. *Lua Nova,* São Paulo, v. 77, p. 11-39, 2009.

GRIFFITHS, Curt Taylor. Sanctioning and healing: restorative justice in Canadian aboriginal communities. *International Journal of Comparative and Applied Criminal Justice,* v. 20, n. 2, p. 195-208, 1996. DOI: 10.1080/01924036.1996.9678572

HERRERA FLORES, Joaquín. Direitos humanos, interculturalidade e racionalidade da resistência. *Direito e Democracia,* v. 4, n. 2, 2003.

HERRERA FLORES, Joaquín. *A reinvenção dos direitos humanos.* Florianópolis: Fundação Boiteux, 2009.

JACCOUD, Mylène. Princípios, tendências e procedimentos que cercam a Justiça Restaurativa. *In:* VITTO, Renato Campos Pinto de; SLAKMON, Catherine; PINTO, Renato Sócrates Gomes (orgs.). *Justiça restaurativa.* Brasília: Ministério da Justiça e Programa das Nações Unidas para o Desenvolvimento, 2005.

LUHMANN, Niklas. *El derecho de la sociedad.* México: Herder, 2005.

MAXWELL, Gabrielle; MORIS, Allison; HAYES, Hennessey. Conferencing and restorative justice. *In:* SULLIVAN, Dennis; TIFFT, Larry. *Handbook of restorative justice.* London/New York: Routledge, 2008, p. 91-107.

MENDONÇA, Bruno Arrais. O que é justiça restaurativa? Debate teórico sobre sua definição e a delimitação de suas práticas. *ANAIS Sociology of law:* O direito na sociedade tecnológica 2019. p. 2077-2097.

MORRILL, Calvin. Institutional Change Through Interstitial Emergence: the growth of alternative dispute resolution in U.S. Law, 1970-2000. *Revista de Estudos Empíricos em Direito,* v. 4, n. 1, p. 10-36, fev. 2017.

MORRIS, Allison. Criticando os críticos. Uma breve resposta aos críticos da justiça restaurativa. *In*: VITTO, Renato Campos Pinto de; SLAKMON, Catherine; PINTO, Renato Sócrates Gomes (orgs.). *Justiça restaurativa*. Brasília: Ministério da Justiça e Programa das Nações Unidas para o Desenvolvimento, 2005.

NEVES, Marcelo. Entre subintegração e sobreintegração: a cidadania inexistente. *Dados. Revista de Ciências Sociais*, Rio de Janeiro, v. 37, n. 2, p. 253-275, 1994.

NEVES, Marcelo. Do pluralismo jurídico à miscelânea social: o problema da falta de identidade da(s) esfera(s) de juridicidade na modernidade periférica e suas implicações na América Latina. *Revista Unijuí*, São Paulo, v. 4, n. 5, p. 7-37, 1995.

OLIVEIRA, Ivanilde Apoliceno Oliveira; DIAS, Alder Souza. *Ética da libertação de Enrique Dussel*: caminho de superação do irracionalismo moderno e da exclusão social. *Conjectura*, Caxias do Sul, v. 17, n. 3, p. 90-106, set./dez. 2012.

OLIVEIRA, Luciano. *O aquário e o samurai*. Uma leitura de Michel Foucault. Rio de Janeiro: Lumen Juris, 2017.

OLIVEIRA, Luciano. *E se o crime existir*. Teoria da rotulação, abolicionismo penal e criminologia crítica. Rio de Janeiro: Revan, 2018.

PALLAMOLLA, Raffaella da Porciuncula. *Justiça restaurativa: da teoria à pratica*. São Paulo: IBCCRIM, 2009.

PELIKAN, Christa; TENECZEK, Thomas. Victim ofender mediation and restaurative justice: the European landscape. In: SULLIVAN, Dennis; TIFFT, Larry. *Handbook of Restaurative Justice*. London/New York: Routledge, 2008. p. 63-90.

PETRESKY, Dora; MARKOVITS, Joyce. Círculos de classe: estabelecendo novas relações na escola. In: GRECCO, Aimée e outros. *Justiça restaurativa em ação*. Práticas e reflexões. São Paulo: Dash, 2014. p. 207-228

PRANIS, Kay; STUART, Barry. Peacingmaking circles: reflections on principal features and primary outcomes. *In*: SULLIVAN, Dennis; TIFFT, Larry. *Handbook of Restaurative Justice*. London/New York: Routledge, 2008, p. 121-133.

ROSENBERG, Marcshall. *Vivendo a comunicação não violenta*. Rio de Janeiro: Sextante, 2019.

ROSENBLATT, F. F. Em busca das respostas perdidas: uma perspectiva crítica sobre a justiça restaurativa. *In:* CARVALHO, G. M. de; DEODATO, F. A. F. de N.; ARAÚJO NETO, F. (org.). *Criminologias e Política Criminal II.* João Pessoa: CONPEDI, 2014.

SALMASO, Marcelo Nalesso. Uma mudança de paradigma e o ideal voltado à construção de uma cultura de paz. *In: Justiça restaurativa:* horizontes a partir da Resolução CNJ 225/Coordenação: Fabrício Bittencourt da Cruz — Brasília: CNJ, 2016.

SANTOS, Juarez Cirino dos. *As raízes do crime.* Um estudo sobre as estruturas e as instituições da violência. Rio de Janeiro: Forense, 1984.

SICA, Leonardo. *Justiça Restaurativa e Mediação Penal.* O novo modelo de justiça criminal e de gestão do crime. Rio de Janeiro: Editora Lumen Juris, 2007.

WACQUANT, Loic. *As prisões da Miséria.* 2. ed. Tradução: André Telles. Rio de Janeiro: Zahar, 2001.

ZAFFARONI, Raúl Eugenio. *Em busca das penas perdidas:* a perda de legitimidade do sistema penal. Trad. Vânia Romano Pedrosa e Amir Lopes da Conceição. 5. ed. Rio de Janeiro: Editora Revan, 2017.

ZEHR, Howard. *Justiça Restaurativa.* Trad. Tônia Van Acker. São Paulo: Palas Athena, 2015.

YNTEMA, Hessel E. (1958). Direito Comparado e Humanismo. *The American Journal of Comparative Law,* v. 7, n. 4, p. 493-499, 1958. Doi: 10.2307/837261.

WEBER, Max. Las cualidades formales del derecho moderno. *In:* WEBER, Max. *Economía y Sociedad.* México: Fondo de Cultura Económica, 1996. p. 648-660.

8

Violência doméstica e familiar:
os impactos da pandemia da covid-19 na vida das mulheres

Lucas Alencar Pinto
Laura Tereza Nogueira Mariano
Ângela Maria Monteiro da Motta Pires

Introdução

A diferenciação insculpida entre homens e mulheres, ao longo dos anos, traz à tona toda uma problemática que pesa, sobretudo, às mulheres. São diversos os percalços enfrentados por elas pela simples condição de ser mulher.

A gravidade das situações de violência conjugal tem exigido e, cada vez mais, são necessários estudos e reflexões teórico-práticas que sirvam para compreender a natureza deste fenômeno, bem como proporcionar uma contribuição singular para a literatura acadêmica e para as políticas públicas de enfrentamento a este problema.

Acontece que essa violência não ocorre apenas no ambiente doméstico, embora esta seja a forma mais prevalente; mas a mulher ainda é violentada no espaço público e institucional.

As trajetórias históricas dos movimentos feministas e de mulheres demonstram uma diversidade de pautas discutidas e de lutas empreendidas por estas, mas busca-se, sobretudo, romper com dicotomias entre o público e o privado cobrando responsabilidades do Estado e da sociedade civil em assegurar, a todas, o respeito à dignidade humana e a uma vida sem violência.

É diante desta relação dicotômica de mundo que o gênero masculino impera como polo ativo das relações e isto se transfigura em situações constantes de violências praticadas pelos homens contra as mulheres: violência física, psicológica, moral, sexual e patrimonial.

Atualmente, ante a pandemia da covid-19, a situação de vulnerabilidade de direitos das mulheres, a violação das suas integridades e o desamparo estatal têm escancarado a situação assoladora que acomete grande parte das cidadãs do país.

Neste artigo, através de um processo de revisão bibliográfica e análise documental, pretende-se discutir acerca e indicar os fatores que corroboram para a construção (e manutenção) do problema da violência doméstica contra a mulher e, logo em seguida, apontar os dados, bem como suscitar uma breve retomada sobre a evolução do arcabouço jurídico pátrio que trata da violência doméstica contra a mulher. E por fim, demonstrar que há uma pandemia na pandemia, devido ao agravamento do problema durante o surto da covid-19.

A violência doméstica e familiar contra a mulher: um fruto do patriarcado

A violência doméstica é uma problemática que se perpetua na entidade basilar da sociedade, que é a família. É no lar que o agressor encontra o ambiente propício para perpetrar os atos de violência, já que este é o lugar por ele dominado.

Segundo autores como Segal (1989) e Langdon (1993), no que tange à questão dos direitos dos maridos sobre as suas esposas, inclusive o direito ao controle pela violência física, a família é tratada como um aparelho de guerra, protegida pelo silêncio sobre o que ocorre entre quatro paredes. Longe de ser uma proteção para as mulheres, a família nuclear tradicional tem sido um lugar onde a prevalência de abuso de crianças, violência doméstica e estupro é sistematicamente ocultada e negada.

Nessa perspectiva, Prado e Oliveira (1982) afirmam que a família é agora definida como um terreno privilegiado para o aprendizado de normas, valores e técnicas de violência. O que se depreende com esses argumentos é que a violência doméstica se insere, infelizmente, na "ordem" e não em "desvio" de conduta.

Pode-se compreender o fenômeno da violência, sobretudo, sob a perspectiva de dois fatores principais. Um primeiro fator está atrelado às consequências da implantação das políticas neoliberais, que durante o período das guerras mundiais provocou a remoção dos homens de suas funções no mercado de trabalho (incumbindo-lhes da guerra), substituindo a mão de obra masculina pela feminina — o homem perdeu o posto de único provedor e tal subtração de poder econômico foi exteriorizada por ele, através da violência. O outro fator está ligado à sociedade de uma maneira geral. É o que se refere à primariedade da cultura machista, patriarcal, que impõe às mulheres uma posição de inferioridade em relação aos homens (Cortizo; Goyeneche, 2010).

Em pleno século XXI, dentre vários fatores como o uso de álcool e drogas, um dos que mais desencadeiam a violência doméstica e familiar contra a mulher ainda é o machismo estrutural que impera na sociedade e que, segundo Saffioti (2015), decorre de um sistema patriarcal.

Tratar a questão do patriarcado nos dias atuais parece algo obsoleto, uma vez que, hoje, se fala muito da participação das mulheres na vida pública e a sua autonomia na vida privada. No entanto, esse sistema de dominação ainda é muito presente na nossa vida, porém, apresenta-se de forma multifacetada e em contextos diversos.

Para algumas autoras como Teresita de Barbieri (1992) e Gayle Rubin (1993), a ideia de patriarcado é inexistente, sob a alegação de que hoje o que existe na sociedade é o machismo e não o patriarcado, tendo em vista que este último se tornou sinônimo de dominação masculina, mas que não possui qualquer valor explicativo.

Não obstante, existe uma perspectiva marxista do patriarcado defendida por Saffioti, que traduz, de forma nítida, a sociedade contemporânea. Segundo a autora (2015), o patriarcado não se resume a um sistema de dominação insculpido a partir da ideologia machista, mas vai além. Ele explora as mulheres, ou seja, enquanto a dominação se situa nos campos político e ideológico, a exploração está situada diretamente no campo econômico.

Para Saffioti (2015), o principal beneficiado do patriarcado-capitalismo-racismo é o homem rico, branco e adulto. Daí, a violência resultar desse poder do macho, pois em virtude da sua formação de "macho", o homem julga-se no direito de espancar a sua mulher, a qual foi educada a se submeter aos desejos masculinos, tornando determinada conduta como "natural".

Esta naturalidade disseminada acerca da relação entre os papéis dos sexos antagônicos está ligada às concepções arcaicas, contudo, ainda prevalentes de gênero, que instigam os comportamentos dos diferentes sexos e os moldam conforme os interesses da sociedade. Há, de fato, toda uma cultura moldada para mitigar a condição da mulher em relação ao homem, considerando que a dominação masculina se apresenta como a ordem natural do mundo, impondo a hierarquização do masculino em detrimento do feminino (Saffioti, 2001).

Os comportamentos para cada um dos sexos são impostos. Assim sendo, tem-se o esperado comportamento masculinizado representado pela força, racionalidade, virilidade e violência, como também aquele tido como feminino de ser frágil, irracional, emotivo e sensível.

A construção desses arquétipos relacionados aos distintos sexos biológicos é o conhecido gênero. Para Scott (1995, p. 21), o gênero é: "um elemento constitutivo de relações sociais baseados nas diferenças percebidas entre os sexos, e o gênero é uma forma primeira de significar as relações de poder".

Gênero é um elemento constante nas práticas sociais e está implicado desde as relações mais básicas da humanidade, como o ato de brincar, em que meninas e meninos vivenciam e moldam sua estrutura a partir das brincadeiras que apontam o comportamento esperado para cada sexo biológico, bem como situações mais complexas como a atividade política, por exemplo.

É a partir do marcador social de gênero que se impõem as relações sociais desequilibradas entre os distintos sexos biológicos, as mulheres enfrentam agruras por conta da assimetria de poder e isso se materializa em salários menores, menor representação política, vulnerabilidade social, mitigação de direitos, bem como a violência.

Vale ressaltar que homens e mulheres estão envoltos nessa sociedade culturalmente machista e patriarcal. Logo, os indivíduos são, antes de qualquer concepção, sujeitos construídos socialmente que reproduzem os valores ditados pelas instituições e práticas cotidianas.

É possível vislumbrar, por exemplo, o Direito enquanto instrumento mantenedor do *status quo*, uma vez que está em consonância com os valores morais preponderantes, quais sejam, a ordem patriarcal (Sabadell, 2008). Desta forma, perpetua-se, continuamente, a cultura patriarcal, marcada pela opressão de tudo o que for feminino.

Durante muito tempo, as mulheres foram tomadas como relativamente incapazes nos códigos, principalmente no que tange a alguns atos da vida civil. Todavia, estes obstáculos foram galgados pelas conquistas do feminismo que subverteram a lógica dominante.

As feministas explanam que o direito moderno foi criado pelos homens, representando seus interesses, seja na sua concepção ou na sua efetivação. Desta forma, o direito que se propõe como instrumento neutro e apto para resolver conflitos sociais não logrará êxito na solução das questões, uma vez que trata de forma desigual os diferentes sexos (Sabadell, 2008).

Saffioti (2015), ao refletir sobre o que se busca para a superação dessa situação de instabilidade entre os distintos sexos e as hierarquias de gênero, afirma que não é somente a igualdade, uma vez que todas e todos não precisam ser iguais, mas sim o reconhecimento e a aceitação das diferenças.

Violência contra a mulher no Brasil

A realidade de violência contra a mulher é uma problemática que persiste ao longo dos anos e se arrasta provocando miséria na vida daquelas que são assoladas por esta barbárie.

Segundo Barus-Michel, a violência é um fenômeno complexo e múltiplo, que pode ser compreendido a partir de fatores históricos, sociais, culturais e subjetivos, mas não deve ser limitado a nenhum deles. E este refere-se à violência como "a experiência de um caos interno ou a ações ultrajantes cometidas sobre um ambiente, sobre coisas ou pessoas, segundo o ponto de vista de quem acomete ou de quem a sofre" (Barus-Michel, 2011, p. 20).

Na verdade, a invisibilidade da violência contra a mulher e o autoritarismo dos homens acabam por legitimar e naturalizar essa violência estruturante na nossa sociedade, reduzindo a mulher vítima à condição de coisa.

Entre os anos de 1980 e 2013, mais de cem mil mulheres (106.093) morreram pela simples condição de ser mulher e, esmiuçando-se os dados, observa-se que as mulheres negras são, ainda, mais afetadas pelo problema da violência. Na primeira década do século XXI, entre os anos de 2003 e 2013, o registro de mortes subiu 54%, passando de 1.864 para 2.875 mulheres e os companheiros e ex-parceiros ainda são os principais agressores (Portal Geledés, 2018).

Dados da Organização Mundial da Saúde (OMS) demonstram que o Brasil é o país com a quinta maior taxa de feminicídio no mundo, atingindo um patamar de 4,8 para 100 mil mulheres (ONU, 2016).

Os referidos dados de violência contra a mulher só evidenciam a desigualdade de gênero no Brasil. Samira Bueno e Renato Sérgio de Lima (2019), diretores do Fórum Brasileiro de Segurança Pública, afirmam que em 2018, "a taxa era de 04 mulheres mortas para cada grupo de 100 mil mulheres, ou seja, 74% superior à média mundial" (Bueno; Lima, 2019).

Segundo Velasco, Caesar e Reis (2019), tendo como fonte estatística o Monitor da Violência, *"cai o número de mulheres vítimas de homicídio, mas registros de feminicídio crescem no Brasil".* São 4.254 homicídios dolosos de mulheres, em 2018, uma queda de 6,7% em relação a 2017. Apesar disso, houve um aumento de 12% no número de registros de feminicídios. *Uma mulher é morta a cada duas horas no país* (grifos nossos).

De acordo com o portal G1 (2019), a Organização das Nações Unidas (ONU) Mulheres, em seu relatório: "O Progresso das Mulheres no Mundo 2019-2020: Famílias em um mundo em mudança", apontou que 17,8% das mulheres, no planeta, ou cerca de uma a cada cinco, relataram violências física ou sexual de seus companheiros nos últimos doze meses.

Os números denotam como a problemática da violência contra a mulher é um problema persistente na sociedade brasileira. É alarmante que há tempos, no Brasil, os números da brutalidade sejam tão altos e as medidas legais, quando tomadas, sejam de forma tímida.

Nesse sentido, o Estado brasileiro subscreveu diversos acordos internacionais, dentre eles, a Convenção sobre a Eliminação de Todas as Formas de Discriminação contra a Mulher de 1979, também chamada em inglês de CEDAW, o primeiro tratado internacional que trata amplamente dos Direitos Humanos das Mulheres, e a Convenção Interamericana para Prevenir, Punir e Erradicar a violência contra a mulher, que foi concluída em 09 de junho de 1994 e ficou conhecida como a "Convenção de Belém do Pará".

A igualdade entre homens e mulheres também está positivada em nossos compêndios jurídicos, inclusive na Constituição Federal de 1988. Apesar disso, o problema reside na aplicação prática desses dispositivos, pois "a igualdade legal se transforma em desigualdade", conforme coloca Saffioti (2015, p. 46).

Em que pesem os posicionamentos do Brasil em buscar garantir a igualdade entre homens e mulheres, não houve a adoção de medidas eficientes para minimizar os casos de violência ou diminuir os assassinatos de mulheres. Exemplo disto é o caso da farmacêutica cearense Maria da Penha Maia Fernandes, que foi vítima de dupla tentativa de homicídio, por parte do seu marido, Marco Antônio Heredia Viveros.

Na primeira tentativa Marco Antônio deixou Maria da Penha paraplégica, além de complicações físicas e traumas psicológicos. O criminoso negou os fatos à polícia, alegando que tudo passou de uma tentativa de assalto. No entanto, quatro meses depois, quando Maria da Penha volta para a sua casa, depois de cirurgias, internações e tratamentos, ele a manteve em cárcere privado durante quinze dias e tentou eletrocutá-la durante o banho.

O caso de Maria da Penha, devido à gravidade e à omissão do Estado brasileiro, tornou-se um litígio internacional, pois foi denunciado perante a Comissão Interamericana de Direitos Humanos da Organização dos Estados Americanos (CIDH/OEA) e, mesmo diante desta grave violação de direitos humanos, o governo permaneceu omisso, sendo, posteriormente, responsabilizado por negligência, omissão e tolerância em relação à violência doméstica praticada contra as mulheres brasileiras (Instituto Maria da Penha, 2018).

A batalha de Maria da Penha por 19 anos e 6 meses em busca de justiça tornou-a um símbolo de luta e resistência. Contudo, o caso sucintamente relatado não foi um caso isolado, mas, sim, um exemplo do que acontecia/acontece, sistematicamente, no Brasil, com outras "Marias", o que implica no fato de que esta luta não é de hoje, mas de décadas de opressão, dominação e exploração.

A Lei Maria da Penha é, portanto, o principal marco legal na conquista dos direitos humanos das mulheres no Brasil, pois representa uma mudança de paradigma no trato da violência contra a mulher, outrora tão banalizada, naturalizada.

Atualmente, estados e organismos internacionais consideram tal lei como uma das mais avançadas no mundo, inclusive sendo considerada pela ONU como a terceira melhor lei do mundo no combate à violência doméstica e familiar. Apesar disso, ainda temos números de violência e assassinatos de mulheres assustadores, ou seja, a justiça ainda precisa ser mais eficiente em favor das mulheres e as políticas públicas mais eficazes.

Mais recentemente, em 2015, reconhecendo os déficits do Estado brasileiro em relação às mulheres do país, a presidenta Dilma

Rousseff sancionou a Lei do Feminicídio, que transformou a prática dessa violência específica contra a mulher como uma qualificadora do homicídio, que passa a ter sua pena agravada.

Uma vida sem violência é um direito de todas as mulheres indistintamente, qualquer que seja a sua raça, credo, sexualidade ou religião. No entanto, a disparidade das mulheres em relação aos homens é um fato histórico. Às mulheres sempre foi reservado um lugar de menor destaque, seus direitos e seus deveres estavam sempre voltados para a criação dos filhos e os cuidados do lar, ou seja, para a vida privada.

O movimento feminista foi um dos precursores na transformação da lógica dominante masculina, o que gerou propostas de mudanças reais e significativas no tocante às diferenças entre homens e mulheres, pois trouxe a compreensão de que as mulheres não mais poderiam ser um grupo oprimido, vítimas, sofrendo as consequências de pertencer a uma sociedade secularmente patriarcal, repressora e discriminatória.

A pandemia da violência doméstica e familiar contra a mulher na covid-19

Segundo Saffioti (2001), a violência de gênero acontece, normalmente, do homem contra a mulher, porém esta pode ser perpetrada também de um homem contra outro homem ou de uma mulher contra outra mulher. Já a violência familiar envolve membros de uma mesma família, extensa ou nuclear, levando-se em conta a consanguinidade, a afinidade, e, como tal violência está compreendida na violência de gênero, esta pode ocorrer no interior do domicílio ou fora deste, embora a primeira forma seja mais frequente.

É preciso, também, assinalar que a violência dentro do próprio lar é a forma mais endêmica de violência contra a mulher e, quando se trata do momento atual de pandemia da covid-19, isso se torna ainda mais latente.

Com a pandemia da covid-19, não somente as atividades domésticas, educacionais, econômicas e outros aspectos da vida das pessoas foram afetados, mas a realidade da violência doméstica também está sendo alterada. Afinal, quem mais pratica a violência contra a mulher é o parceiro íntimo, ou seja, aquele que se encontra dentro do ambiente doméstico, e isto, somado ao fato do necessário isolamento social, contribui para o agravamento do ciclo da violência.

No caso de muitas mulheres, o isolamento com seus parceiros, em casa, abre a porta para uma situação extrema, posto que, para elas, vivencia-se uma pandemia (a da violência) dentro de outra, a da covid-19.

Este tipo de violência continua sendo um grave problema social e de violação aos Direitos Humanos das mulheres no Brasil e no mundo, apesar das lutas feministas. A OMS reconhece a violência contra a mulher como um problema de saúde pública, que exige dos governantes políticas públicas mais eficientes para preveni-lo e combatê-lo.

Diante disto, no início de abril de 2020, segundo Castro (2020), a ONU afirmou que com a pandemia, houve "um crescimento horrível da violência doméstica em nível global". Além disso, o secretário-geral da entidade pediu que os governos incluíssem medidas de proteção às mulheres e contra a violência doméstica entre os planos de combate à covid-19. "Para muitas mulheres e meninas, a maior ameaça está precisamente naquele que deveria ser o mais seguro dos lugares: as suas próprias casas", disse.

Em países como China, Itália, Estados Unidos e Espanha, após a implementação da quarentena domiciliar obrigatória, os registros policiais de violência doméstica, durante a pandemia, aumentaram e, em alguns desses países, chegaram a triplicar (Vieira; Garcia; Maciel, 2020).

No Brasil não foi diferente. Dados levantados pelo Fórum Brasileiro de Segurança Pública demonstram que o número de feminicídios aumentou em 22%, ou seja, atingiu um patamar de 140 casos no país, em 2020, durante a pandemia, comparando-se os meses de março e abril em relação aos números do mesmo período em 2019, em que foram registrados 117 casos (UOL, 2020).

Segundo Sílvia Mugnatto (2020), em reportagem à Agência Câmara de Notícias, em maio de 2020, a Ouvidoria Nacional dos Direitos Humanos (ONDH), do Ministério da Mulher, da Família e dos Direitos Humanos (MMFDH), comparando-se as duas quinzenas do mês de março de 2020, identificou um crescimento de 18% no número de denúncias registradas da primeira quinzena em relação à segunda, de acordo com os chamados recebidos pelo serviço Ligue 180. No país, o necessário isolamento para o enfrentamento à pandemia escancara uma dura realidade: apesar de chefiarem 28,9% milhões de famílias, as mulheres brasileiras não estão seguras nem mesmo em suas casas.

Desta forma, basta confrontar os números do Ligue 180 com a adoção de medidas de isolamento social rígido no país, para verificar a interligação entre as duas situações mórbidas: tanto a violência doméstica quanto a covid-19. Analisando-se os dados, a realidade se materializa de forma que o primeiro caso da covid-19, no Brasil, foi diagnosticado em 26 de fevereiro de 2020 (Aquino; Monteiro, 2020) e, em meados de março, foi iniciado o isolamento social com o enclausuramento da população. E, nessa situação de elevação da pandemia, também começam a ascender os casos de violência contra as mulheres.

Esse aumento da violência é potencializado, durante a pandemia, no Brasil, pelo fato de as mulheres, e a população em geral, virem enfrentando muitos problemas decorrentes da falta de atuação coordenada dos serviços de saúde, considerando que desde o início do surto da covid-19, até a segunda metade de julho deste ano de 2020, o Ministério da Saúde não conseguiu implementar a atenção e coordenação necessárias para o enfrentamento ao problema, o que prolonga o tempo de isolamento social, e as mulheres seguem reclusas com os seus algozes.

Além desse fato, é sabido que as vítimas da violência, por medo e falta de condições de viver distante do parceiro, por depender, sobretudo, economicamente deste, ficam obrigadas a silenciar os fatos ocorridos e isso acarreta uma subnotificação dos casos, o que mascara o tamanho real do problema enfrentado. A intimidação constante do parceiro dentro de casa dificulta e impossibilita a vítima de pedir ajuda. Elas estão, literalmente, trancadas com os seus agressores e isso potencializa ainda mais um ciclo de violência que leva anos para ser rompido.

Diante deste cenário, foi criado pelo Conselho Nacional de Justiça (CNJ) e pela Associação de Magistrados do Brasil (AMB) a campanha Sinal Vermelho para a violência contra a mulher. A ação permite que mulheres façam denúncias em farmácias, a partir de um X vermelho na mão ou em um pedaço de papel. Ao identificar a vítima, o/a atendente deve acionar a polícia militar através do 190 ou a guarda civil municipal.

As campanhas educativas têm sido eficazes em divulgar informações e promover ações para ajudarem as mulheres, tendo em vista as implicações da pandemia. A Argentina, por exemplo, junto à Confederação Farmacêutica, utilizou campanhas publicitárias para orientar as mulheres vítimas de violência doméstica, nesse período de pandemia, pois o fato de a mulher não poder sair de casa dificulta a denúncia.

Tais soluções são importantes para o acolhimento e amparo às mulheres em situação de violência. No entanto, a viabilidade prática destas atitudes ainda é discutível.

Considerações finais

A pandemia da covid-19, desta forma, traz à baila a discussão da situação de violência que impera dentro dos lares no Brasil, impondo aos estados um novo arranjo dos serviços de acolhimento e proteção das mulheres que enfrentam o amálgama da violência em todas as suas formas.

Compreende-se que uma ação violenta está direcionada à destruição ou ao ataque da subjetividade do outro e surge em um momento em que o sujeito sente que está perdendo seu poder ou quando depara-se com a sua impotência (Saffioti, 1999).

E foi exatamente isto que ocorreu durante os tempos de isolamento e de quarentena domiciliar obrigatória, pois as medidas implementadas pelo Estado para mitigar a condição de violência que acometeu as mulheres não foram suficientes, além de estarem muito aquém da realidade vivida por elas, fazendo com que estas se sentissem impotentes e desamparadas.

Desta forma, a situação das mulheres brasileiras acabou sendo agravada pela pouca efetividade das políticas e da gestão pública governamental, que incidiu no prolongamento da pandemia da covid-19, o que implicou uma condição de maior vulnerabilidade e promoção da violência contra as mulheres.

No entanto, a mulher deve possuir o direito de não sofrer agressões, seja no espaço público ou privado, devendo ser respeitada em suas especificidades e ter a garantia de acesso aos serviços da rede de enfrentamento, quando passar por situações de agressão, seja ela física, moral, psicológica ou verbal e é o Estado que deve garantir a integridade física, patrimonial e psíquica da mulher vítima de violência.

É necessário, portanto, compreender o quanto a violência é marcada na intersubjetividade e no encontro com a alteridade, uma vez que as definições são associadas a conceitos como poder, força, dominação, sem, necessariamente, abordar especificidades históricas e culturais da construção do fenômeno da violência.

Foi possível romper o silêncio e dialogar acerca da problemática da violência doméstica, a partir de uma nova concepção de vida social, que busca auxiliar a mulher, mudando o *lócus* da discussão do ambiente privado para o público. No entanto, no contexto do isolamento social, o alcance às relações privadas esteve prejudicado e as mulheres estiveram, novamente, reféns de seus algozes.

É imprescindível superar a hierarquia de gênero, bem como a cultura patriarcal, uma vez que estas repercutem na construção de toda uma sociedade enclausurada, reprodutora do ciclo da violência como apontado por Saffioti (2015).

É fundamental compreender a violência como um fenômeno multifacetado, como apontado por Barus-Michel (2011), pois, somente, com a articulação necessária de diversas políticas será possível o verdadeiro enfrentamento da problemática que aflige as mulheres.

Na verdade, não haverá respostas para o machismo e para a misoginia (que matam perpetuamente), se não percebermos quanto custa a saúde física e mental das mulheres e quanto é importante investir em pesquisa e educação em direitos humanos e, especificamente de gênero, investir na ciência que urge nas diversas etapas de ensino e esferas sociais, para que haja valorização de vidas humanas.

Portanto, diante da complexidade do enfrentamento à violência de gênero, se faz necessário considerar ações intersetoriais e transdisciplinares, haja vista que tais ações envolvem diversos segmentos, como saúde, educação, segurança pública, assistência social, poder judiciário e organizações não governamentais. Estes serviços contribuem para a tomada de decisões de impacto coletivo, que criam e fortalecem as redes de atenção, a fim de dar maior resolubilidade ao problema e maior suporte às vítimas.

Referências

AQUINO, V.; MONTEIRO, N. *Brasil confirma primeiro caso da doença*. [S.I.], 2020. Disponível em: https://www.saude.gov.br/noticias/agencia-saude/46435-brasil-confirma-primeiro-caso-de-novo-coronavirus. Acesso em: 10 jul. 2020.

BARBIERI, T. *Sobre a categoria de gênero*: uma introdução teórico-metodológica. Recife: SOS Corpo, 1992.

BARUS-MICHEL, J. A violência complexa, paradoxal e multívoca. *In*: SOUZA, M.; MARTINS, F.; ARAÚJO, J. N. G. (eds.). *Dimensões da violência*: conhecimento, subjetividade e sofrimento psíquico. São Paulo: Casa do Psicólogo, 2011. p. 19-34.

BUENO, S.; LIMA, R. Dados de violência contra a mulher são a evidência da desigualdade de gênero no Brasil. [S.I.], 2019. Disponível em: https://g1.globo.com/monitor-da-violencia/noticia/2019/03/08/dados-de-violencia-contra-a-mulher-sao-a-evidencia-da-desigualdade-de-genero-no-brasil.ghtml. Acesso em: 21 jul. 2020.

CASTRO, L. F. Subnotificação e gatilhos: o drama da violência doméstica na quarentena. [S.I.], 2020. Disponível em: https://veja.abril.com.br/brasil/subnotificacao-e-gatilhos-o-drama-da-violencia-domestica-na-quarentena/. Acesso em: 21 jul. 2020.

CORTIZO, M. del C.; GOYENECHE, P. L. *Rev. Katálysis*. Florianópolis, v. 13, n. 1, p. 102-109, jan./jun. 2010.

G1. Relatório da ONU indica que violência de gênero atinge 1 de cada 5 mulheres. [S.I.], 2019. Disponível em: https://g1.globo.com/ciencia-e-saude/noticia/2019/11/25/relatorio-da-onu-indica-que-violencia-de-genero-atinge-1-de-cada-5-mulheres.ghtml. Acesso em: 14 jul. 2020.

INSTITUTO MARIA DA PENHA. Quem é Maria da Penha? [S.I.], [2018?]. Disponível em: https://www.institutomariadapenha.org.br/quem-e-maria-da-penha.html. Acesso em: 19 jul. 2020.

LANGDON, E. J. "O dito e o não-dito"; reflexões sobre narrativas que famílias de classe média não contam". *Estudos Feministas,* 1, p. 155-158, 1993.

MUGNATTO, S. Crescem denúncias de violência doméstica durante pandemia. [S.I.], 2020. Disponível em: https://www.camara.leg.br/noticias/661087-crescem--denuncias-de-violencia-domestica-durante-pandemia. Acesso em: 24 jul. 2020.

ORGANIZAÇÃO DAS NAÇÕES UNIDAS. *ONU:* Taxa de feminicídios no Brasil é a quinta maior do mundo; diretrizes nacionais buscam solução. [S.I.], 2016. Disponível em: https://nacoesunidas.org/onu-feminicidio-brasil-quinto-maior-mundo-diretrizes-nacionais-buscam-solucao/. Acesso em: 19 jul. 2020.

PORTAL GELEDÉS. 2018 começa com mais um caso brutal de feminicídio. [S.I.], 2018. Disponível em: https://www.geledes.org.br/2018-comeca-com-mais-um--brutal-caso-de-feminicidio/. Acesso em: 14 jul. 2020.

PRADO, D.; OLIVEIRA, C. F. Relacionamento entre homens e mulheres nas camadas de baixa renda: amor e violência. *Jornal Brasileiro de Psiquiatria,* 31, p. 6-10, 1982.

RUBIN, G. *O tráfico de mulheres:* notas sobre a economia política do sexo. Recife: SOS Corpo, 1993.

SABADELL, A. L. *Manual de Sociologia Jurídica:* introdução a uma leitura externa do direito. 4. ed. São Paulo: Editora Revista dos Tribunais, 2008.

SAFFIOTI, H. I. B. Contribuições feministas para o estudo da violência de gênero. *Cadernos Pagu*, n. 16, p. 115-136, 2001.

SAFFIOTI, H. I. B. *Gênero, patriarcado, violência.* São Paulo: Fundação Perseu Abramo, 2015.

SAFFIOTI, H. I. B. Já se meter a colher em briga de marido e mulher. *São Paulo Perspec.,* São Paulo, v. 13, n. 4, p. 82-91, dez. 1999.

SCOTT, J. W. Gênero: uma categoria útil de análise histórica. *In: Educação & Realidade*, Porto Alegre, v. 20, n. 2, jul./dez., 1995.

SEGAL, L. Lessons from the past: feminism, sexual politics and the challenge of Aids. *In:* CARTER, E.; WATNEY, S. (orgs.). Politics. *Taking liberties: aids and cultural.* London: Serpent's Tail, 1989. p. 133-145.

UOL. Número de casos de feminicídio no Brasil cresce 22% durante a pandemia. São Paulo, 2020. Disponível em: https://www.uol.com.br/universa/noticias/redacao/2020/06/01/numero-de-casos-de-feminicidio-no-brasil-cresce-22-durante-a-pandemia.htm. Acesso em: 20 jul. 2020.

VELASCO, C.; CAESAR, G.; REIS, T. Cai n. de mulheres vítimas de homicídios, mas registros de feminicídio crescem no Brasil. [S.I.], 2019. Disponível em: https://www.geledes.org.br/cai-o-no-de-mulheres-vitimas-de-homicidio-mas-registros-de-feminicidio-crescem-no-brasil/. Acesso em: 14 jul. 2020.

VIEIRA, P.; GARCIA L.; MACIEL, E. Isolamento social e o aumento da violência doméstica: o que isso nos revela? *Revista Brasileira de Epidemiologia*, Rio de Janeiro, v. 23, 2020.

9

Coronavírus, direito à vida, direitos sexuais e reprodutivos:
da assistência precária ao colapso, aonde chegaremos?

Patrícia do Amaral Gonçalves Oliveira
Maria Betânia do Nascimento Santiago

Introdução

"Oito em cada dez mulheres mortas no mundo por covid-19 são brasileiras" (Lisauskas, 2020). O que essa afirmação impactante tem a nos dizer? Ela é reveladora da realidade da assistência perinatal (gestação, parto e puerpério) no Brasil que vem sendo alvo de críticas há muitos anos pelos movimentos sociais ligados à saúde e às mulheres. Os altos índices de morbidade e mortalidade materna há tempos alertam que algo precisa ser mudado na estrutura dessa assistência (Rede Parto do Princípio, 2012).

No contexto em que vivemos, assolados por uma pandemia de coronavírus sem precedentes, faz-se necessária uma atenção cuidadosa sobre os efeitos que essa realidade terá na vida das mulheres gestantes e puérperas do nosso país. Nessa perspectiva, este trabalho parte da tentativa de avaliar: quais os impactos mais evidentes da pandemia nesse tipo de assistência? Quais respostas mais adequadas o sistema de saúde poderia dar ante a conjuntura? Essas perguntas serviram de norte para o estudo.

Como se trata de uma situação contingente, a elaboração do artigo baseou-se na sistematização de uma análise de conjuntura realizada no primeiro *Webseminário organizado pela Universidade Popular dos Movimentos Sociais/Pernambuco* (UPMS/PE)[1]. A metodologia utilizada envolveu a revisão bibliográfica de artigos científicos e jornalísticos relacionando-os à análise de dados secundários de duas pesquisas científicas publicadas recentemente sobre a mortalidade materna por covid-19 no Brasil (Andreucci; Amorim; Katz *et al.*, 2020) e no México (Campos-Zamora; Lizaola-Diaz; Lumbreras-Marques *et al.*, 2020). Por fim, foram trazidas para a construção do texto informações obtidas com parteiras tradicionais através da Rede Nacional de Parteiras Tradicionais do Brasil[2].

A conjunção dos dados obtidos evidencia que um sistema de saúde precário agudiza fortemente nesse momento e a maior evidência disso é a quantidade de mortes maternas encontradas no Brasil em comparação com outros países do globo.

---

1. Evento realizado virtualmente no dia 28 de abril de 2020, por meio da plataforma *jitsimeet*, e que tratou da conjuntura do coronavírus e as mulheres, os povos indígenas e o campo os debatedores foram Joana Santos da EQUIP (Escola Quilombo dos Palmares), Patrícia do Amaral G. Oliveira, da RNPTBR (Rede Nacional de Parteiras Tradicionais do Brasil), José Karajá, do CIMI (Conselho Indigenista Missionário), Germano Barros do SERTA (Serviço de Tecnologia Alternativa) e Antenor Lima da FETAPE (Federação dos Trabalhadores Rurais, Agricultores e Agricultoras do Estado de Pernambuco). Para mais informações sobre a UPMS, ver: http://www.universidadepopular.org/site/pages/pt/em-destaque.php. Acesso em: 24 jul. 2020.

2. Em razão do contexto de isolamento social, esses dados foram obtidos através de conversas telefônicas.

Saúde sexual e reprodutiva na pandemia

Há alguns meses uma ameaça que parecia distante se aproximou de forma galopante do nosso país, e, em pouco tempo, não só o Brasil, mas o mundo parece ter dado uma volta em torno de si mesmo. O coronavírus gerou uma cobrança enorme para os povos, ao menos para aqueles comprometidos com a humanidade: mais do que nunca se mostrou necessária a união de esforços para a preservação da vida humana.

Essa realidade parece não ter convencido o principal representante político da sociedade, uma vez que para o presidente eleito Jair Bolsonaro, denunciado por crime contra a humanidade e genocídio no Tribunal Penal Internacional em Haia (Chade, 2020), as vidas dos brasileiros parecem importar menos que a economia do país. Em suas ações se manifesta aquilo que o filósofo Achille Mbembe (2018, p. 18) denomina de *necropolítica*, como uma "política de morte", tão bem traduzida na afirmação de Ailton Krenak em *O amanhã não está à venda*, obra lançada no início da pandemia no Brasil: "O que vemos nesse homem é o exercício da necropolítica, uma decisão de morte" (Krenak, 2020, p. 08).

É nesse contexto que a problemática ganha maior relevância para quem sempre esteve nas trincheiras da resistência, para os que se empenham na luta diária em defesa da vida, na defesa de direitos humanos, se organizar e pensar formas de tecer os fios dessa (re) existência se revela mais necessário do que nunca.

O Brasil possui hoje mais de 85.000 pessoas mortas por infecção da covid-19 (BRASIL..., 2020)[3]. Em meio a esse cenário, constatam-se a defesa e a implementação de um retorno gradual às atividades

---

3. Consideramos os dados publicados no Programa Bem-Estar: Coronavírus, do *G1* da rede Globo, que considerou os números obtidos pelo consórcio de veículos de imprensa em 24 de julho 2020. Disponível em: https://g1.globo.com/bemestar/coronavirus/noticia/2020/07/24/casos-e-mortes-por-coronavirus-no-brasil-em-24-de-julho-segundo-consorcio-de-veiculos-de-imprensa.ghtml/. Acesso em: 24 jul. 2020.

habituais na maioria dos estados brasileiros, não obstante a situação ainda ser crítica e demandar isolamento e distanciamento social.

O distanciamento, além de muitas outras coisas, requer um certo grau de criatividade para imaginar novos caminhos, novos rumos. A humanidade de certa forma foi obrigada a olhar para questões antigas, muitas delas envolvendo graves violações de direitos humanos, e que hoje agudizam. No nosso país, os marcadores de raça, classe e gênero, os quais não estão sendo destacados nas notificações da doença, não nos permitem deixar de pensar que a parcela da população que sempre foi alvo das mais cruéis violações de direitos é também a que sustenta as mais desastrosas consequências dessa pandemia.

O colapso do sistema de saúde coloca em xeque uma questão fundamental que precisa sempre ser revisitada no que diz respeito à assistência à saúde sexual e reprodutiva destinada às mulheres, que é a excessiva medicalização do ato de gestar e parir. Há muito, esse evento, que ocorre na vida de muitas mulheres brasileiras, é tratado com um caráter de patologia, sendo visto como um acontecimento eminentemente médico, quando, em verdade, é também um evento comunitário, fisiológico e cultural.

Ao demarcar o sentido da problemática, Susana Tornquist (2002, p. 08): "As mulheres sem dúvida foram expropriadas de seus saberes, de seu trabalho como parteiras e dos poderes no campo da parturição — e recuperá-los é uma questão política fundamental". A leitura coloca em evidência a condição das mulheres nesse cenário, que hoje reféns da medicina do homem branco e da ciência eurocêntrica, enquanto no Brasil e boa parte dos países da América Latina, e do México, o saber ancestral das parteiras, um saber que também é indígena, quilombola, caiçara, está disponível para a revisão de alguns lugares de prisão. Esse saber, sobretudo no contexto pandêmico, faz pensar em possíveis chaves de virada para uma concepção de saúde outra, integral, também conectada com as realidades diversas do país.

"Esse vírus está discriminando a humanidade. [...] Quem está em pânico são os povos humanos e seu mundo artificial, seu modo de funcionamento que entrou em crise" (Krenak, 2020, p. 09). O coronavírus nos traz, portanto, além da necessidade de se pensar em medidas emergenciais que busquem salvaguardar o máximo de vidas possíveis, a urgência de ampliarmos também os questionamentos sobre que rumo está tomando esse corpo de princípios ao qual denominamos humanidade? O que entendemos por direitos humanos? Quais os desafios impostos por uma pandemia com base no que entendemos por saúde?

No que concerne à saúde sexual e reprodutiva, é urgente pensar sobre a imposição de patologias ao corpo das mulheres, sobre a subserviência desses corpos a uma máquina mercantilista e violenta de assistência, sobre a perda do protagonismo no ato do gestar e do parir, sobre a imposição de moralidades cristãs e dominação da ciência do homem branco e eurocêntrico sobre esses corpos. E, no atual contexto, mais uma vez sobre as mortes que poderiam ser evitadas.

O cenário da assistência à saúde da mulher no ciclo perinatal (gestação, parto e puerpério), que também é um contexto que atravessa o universo das parteiras tradicionais, impõe, nesse momento, necessidades urgentes. Entre elas, destaca-se o fornecimento de informação de qualidade às mulheres e de práticas coordenadas de assistência, e a de respostas emergenciais que dialoguem com as práticas mais seguras de prevenção e que não signifique supressão de direitos a longo prazo.

O sistema de saúde foi completamente adaptado nesse contexto de pandemia. Com o colapso das unidades hospitalares, se restringiu ainda mais um atendimento que já era, em muitos sentidos, precário.

A OMS afirmou, em abril, que os serviços básicos de saúde reprodutiva seriam essenciais durante a pandemia (Bruno, 2020), mas é evidente o silenciamento dos gestores da saúde nacional nesse sentido, não há evidência de política pública emergencial que esteja acolhendo de forma efetiva as demandas das mulheres.

Em 09 de maio de 2020, o Hospital da Mulher do Recife (HMR), reconhecido por ser a unidade hospitalar da cidade, capital de Pernambuco, que acolhe montante significativo das mulheres parturientes, teve que restringir parte essencial de seus atendimentos para dedicar seus serviços ao atendimento, como hospital de campanha, da covid-19 (Do Parto... 2020). O HMR até a data da reportagem tinha atendido 891 mulheres parturientes, e cerca de 200 pessoas com Síndrome Respiratória Aguda Grave (SRAG), as quais foram internadas na ala para atendimento aos pacientes com suspeita ou confirmação de covid-19.

Nos seus quatro anos de funcionamento, o HMR chegou a atender 18 mil partos, sendo mais de 12.800 deles normais, constituindo uma das mais significativas referências de atendimento humanizado no que se refere a direitos sexuais e reprodutivos (Do Parto... 2020). É importante ainda reconhecer que a unidade possui um serviço ambulatorial específico para a população LBT (lésbicas, bissexuais e transexuais-transgenitalizadas), além de dispor do Centro de Atenção à Mulher Vítima de Violência Sony Santos, que funciona 24 horas por dia. Este último foi mantido em funcionamento, assim como o pré-natal de alto risco e a maternidade apenas para alto risco, ou seja, partos normais tiveram de ser suspensos, assim como as consultas ambulatoriais de pacientes gestantes de baixo risco (Do Parto... 2020).

Da mesma forma que o HMR, outras unidades hospitalares do Recife, como o IMIP (Instituto de Medicina Legal Fernando Figueira), também começaram a receber pacientes de covid-19, suspender consultas ambulatoriais, e, em pouco tempo, restringir também o atendimento a partos de baixo risco (IMIP..., 2020).

Essas mudanças tiveram um impacto direto na vida das mulheres gestantes e parturientes na cidade do Recife, em Pernambuco, e ocorreram em todas as cidades dos estados do Brasil nesses tempos de pandemia, e as consequências disso só poderão ser efetivamente computadas mais à frente.

A médica paraibana Melania Amorim vem fazendo alguns levantamentos sobre a mortalidade materna em tempos de covid-19. Em matéria publicada em 18 de maio de 2020, no *El País,* as colunistas Débora Diniz e Giselle Carino (2020) alertam, fazendo referência à compilação de dados feita por Melania Amorim, que a catalogação de números tem sido realizada pela reunião de tragédias anunciadas nos veículos de comunicação, já que não há dados com marcadores específicos sendo oferecidos pelo Ministério da Saúde.

Na matéria as jornalistas Carino e Diniz (2020) refletem sobre a diferença das mortes maternas e as demais mortes por covid-19 e destacam: "O fato de que toda morte materna pode ser uma morte evitável se o acesso aos serviços de saúde — especialmente os serviços de saúde reprodutiva — for assegurado". Ainda não existem estudos conclusivos que confirmem o maior risco entre gravidez e mortalidade materna por covid-19.

A conduta da OMS tem sido ambígua em relação ao tratamento das gestantes e a covid-19, o que pode ser atribuído à ausência de dados seguros sobre a questão, mas é alarmante que tenha considerado, em abril desse ano, a inexistência de evidência de que gestantes estariam correndo mais riscos com a exposição ao vírus que as pessoas não grávidas, e, ao mesmo tempo, destacado que as alterações no sistema imunológico e fisiológico poderiam aumentar o risco de infecção respiratória (Carino; Diniz, 2020). Essa ambiguidade teria gerado protocolos de saúde heterogêneos. De toda forma, no mesmo mês de abril o Ministério da Saúde do Brasil considerou mulheres gestantes, puérperas e que tenham passado por processo de perda gestacional ou aborto como grupo de risco (Ministério... 2020).

Considerando as informações até então trazidas, podemos chegar à reflexão de que a pandemia tem levado o Brasil a uma conjuntura preocupante de mortalidade materna por covid-19. Em 14 de julho de 2020, essa reflexão veio confirmada em um dado alarmante: oito em cada dez mulheres grávidas e puérperas mortas no mundo por covid-19 eram brasileiras (Lisauskas, 2020). A afirmação parte de um estudo publicado por enfermeiras e obstetras brasileiras, entre elas Melania Amorim, ligadas à Unesp, UFSCAR, IMIP e UFSC, no *International Journal of Gynecology and Obstetrics*.

A referida pesquisa, feita às expensas das pesquisadoras sem nenhum suporte financeiro do Estado brasileiro, analisou dados do SIVEP-Gripe (Sistema de Informação da Vigilância Epidemiológica da Gripe, do Ministério da Saúde), no período de 26 de fevereiro a 18 de junho, quando foram encontradas 978 mulheres grávidas e puérperas portadoras da SRAG (Síndrome respiratória aguda grave) por covid-19. Até o dia 18 de junho haviam sido notificadas 160 mortes maternas por covid-19 no mundo, dessas, segundo os dados da pesquisa, 124 eram de mulheres brasileiras (Lisauskas, 2020).

Sabemos que esse número é subnotificado, pois os testes só chegam aos casos mais graves, além disso, o estudo mostra que das mulheres que morreram 28% não chegaram a dar entrada em UTI e cerca de 15% não chegaram a receber nenhuma modalidade de assistência ventilatória (Andreucci; Amorim; Katz *et al.* 2020). Em entrevista sobre o estudo, a médica Melania Amorim afirma:

> Nos Estados Unidos houve 16 mortes entre cerca de 8 mil gestantes que contraíram o coronavírus. Então, possivelmente, a gestante deve ter maior risco de complicação, mas só se não tiver acesso a assistência adequada, que é o que está acontecendo por aqui (Lisauskas, 2020).

Mais uma vez fica desnudada a falta de acesso à saúde adequada para as mulheres brasileiras, e, como se sabe, a ausência de UTI nos casos de covid-19 leva a uma morte com um inominável sofrimento.

A esse dado alarmante, agrega-se outro: a condição das mulheres negras e pobres, considerando que são elas as que mais sofrem com as violências e falta de serviço adequado do sistema de saúde (Domingues; Nascimento; Oliveira, 2013; Lima, 2016; Martins, 2006), essas mortes maternas em tempos pandêmicos deverão estampar, caso sejam feitos estudos utilizando marcadores de raça e classe, o mesmo recorte.

Um estudo publicado também no *International Journal of Gynecology and Obstetrics* (Campos-Zamora; Lizaola-Diaz; Lumbreras-Marques *et al.*, 2020) aponta que, no México, havia 45.219 casos confirmados de covid-19 em 17 de maio de 2020; esses dados foram obtidos a partir das informações públicas do Ministério de Saúde local. Dos infectados, 308 eram gestantes, havendo sete mulheres mortas entre elas, dessas, apenas duas receberam tratamento de UTI, sendo que apenas uma delas recebeu suporte de ventilação mecânica.

O Movimento Feminista vem denunciando também a falta de acesso das mulheres ao serviço de aborto legal. As jornalistas Letícia Ferreira e Vitória Régia Silva (2020) destacam que apenas 55% de todas as unidades hospitalares que realizam o procedimento teriam mantido o serviço no contexto pandêmico. As unidades hospitalares foram contatadas por chamadas telefônicas e fazem parte de uma iniciativa realizada "pela Artigo 19, em parceria com a Revista AzMina e a Gênero e Número, para identificar como está o serviço de aborto legal no Sistema Único de Saúde (SUS) durante a pandemia" (Ferreira; Silva, 2020).

Os dados foram coletados entre os dias 27 de abril e 4 de maio, envolvendo 76 hospitais que realizavam a interrupção legal de gravidez previamente identificados em 2019 pelo Mapa do Aborto Legal, do Artigo 19. Interessante ressaltar que muitas das ligações foram recebidas com tom de desconhecimento do serviço e ironia quanto à pergunta, como se esse direito fosse uma piada de mau gosto (Ferreira; Silva, 2020). Mais um recorte evidenciado de violação de direitos sexuais e reprodutivos que parecem não importar dentro do contexto pandêmico.

Estão em xeque, nesse momento, direitos já garantidos normativa e juridicamente que são ameaçados não só pela pandemia, mas também pelo caráter extremista conservador, de política neoliberal, do atual governo federal do Brasil. A supressão desses direitos flerta diretamente com "política de morte" (Mbembe, 2018) bolsonarista.

Para Vladimir Safatle (2020), o Brasil caminharia para além da necropolítica estatal como palco de implementação de um estado suicidário, agora em sua fase terminal, um novo estágio do modelo de gestão neoliberalista, onde esse não seria apenas o gestor da morte e desaparecimento, mas também o ator contínuo da sua própria destruição. O filósofo afirma que alternativas aos efeitos do estado suicidário existem, porém ao serem incorporadas permitirão a circulação de outros afetos, essas alternativas passariam pela "consolidação da solidariedade genérica que nos faz nos sentir em um sistema de mútua dependência e apoio" (Safatle, 2020, p. 06). Ante a pandemia, e para além dela, quem seriam os possíveis atores de promoção dessa solidariedade genérica?

Parteiras Tradicionais e um sistema de saúde em colapso

Aura Renata Gallegos (2020), ao analisar a fala do médico Hugo López-Gatell que anunciara em 09 de abril a morte das duas gestantes do México por covid-19, reflete que o profissional, além de apontar a preocupação das gestantes em aproximar-se das unidades de saúde por conta do coronavírus, afirma que não haveria no país uma cultura de parto em casa. Em contrapartida à afirmação, a investigadora[4] pergunta como pode ser possível, em um país com uma forte tradição milenar da parteria, de origem indígena, mestiça, urbana e rural, se fazer essa afirmação?

No decorrer da matéria, a pesquisadora reflete que há um desmantelamento de um sistema de saúde e cuidado em curso há muitos anos no México, e que dialoga amistosamente com o neoliberalismo: o desmantelamento da parteria tradicional.

De 1985 ao ano de 2015 houve um decréscimo de atendimento de partos domiciliares por parteiras tradicionais no México de 805 mil partos para pouco mais de 100 mil (Gallegos, 2020). A pesquisadora destaca que a aproximação do Estado Mexicano juntos às parteiras tradicionais se deu inicialmente com a promessa de capacitações que garantiriam uma atenção prestada com mais segurança às mulheres, mas, ao longo dos anos, o que de fato aconteceu foi a negação de seus saberes, a proibição do uso das plantas, das posições verticais e a dependência do ofício às ferramentas hospitalares. O Estado Mexicano também teria obrigado as mulheres beneficiárias de programas sociais a deixarem de recorrer às parteiras e contatarem apenas os médicos, sob pena de deixarem de receber a ajuda estatal.

---

4. Aura Renata Gallegos é pesquisadora da parteria na tradição e também é parteira (ainda aprendiz) na tradição. Ela é parteira-pesquisadora originária da Cidade do México, com sede em Xalapa, Veracruz, tem dez anos de experiência como massoterapeuta, bacharel em História pela Universidad Autónoma Metropolitana e mestrado em Educação pela Interculturalidade e Sustentabilidade da Universidade Veracruzana, título que obteve recentemente com uma tese sobre o treinamento de parteiras da tradição no Centro de Iniciação à Obstetrícia na Tradição das Nove Luas.

Como parte da política de apagamento do ofício da parteira tradicional no México, Aura Renata Gallegos (2020) cita ainda a negativa de registro de nascimento para as crianças nascidas em casa com o amparo dessas mulheres. Tal fenômeno é recorrente no Brasil, onde também se evidencia essa dificuldade de registro das crianças nascidas em casa. Na cidade de Paraty, no Rio de Janeiro, durante a pandemia, sete famílias assinaram uma carta coletiva retratando a dificuldade de registrarem crianças nascidas em casa com acompanhamento de parteiras, mesmo após contato com cartórios, Secretaria de Saúde, Conselho Tutelar, Defensoria Pública e Ministério Público (Souto, 2020).

Uma das mulheres da reportagem de Luisa Souto (2020) relata que após o parto procurou a secretaria municipal de saúde de Paraty, com a parteira que lhe assistiu e mais duas testemunhas, tendo sido informada por esse órgão que a sua parteira não estava autorizada a atuar, momento em que requisitaram seu endereço para ser encaminhado ao Conselho Tutelar. Precisou voltar ao local, pois o Conselho Tutelar não a procurou, e, quando conseguiu a autorização deste órgão, teve o registro negado por parte do cartório de registro civil (único da cidade), o qual informou estar aguardando decisão judicial sobre dois casos semelhantes.

Vários órgãos teriam sido consultados, mesmo em um contexto pandêmico, por essas sete famílias as quais tentaram esclarecer os fatos e fazer valer o registro das crianças nascidas em casa. A questão que vale refletir, e que dialoga com o que já foi ventilado nesse texto sobre a realidade da parteria no México, é o quanto essa negativa de certa forma conversa também com a prática de apagamento e criminalização do ofício das parteiras tradicionais do nosso país.

É diante desse cenário que se coloca a questão: quanto o Brasil poderia estar economizando em termos de saúde pública se tivesse essas mulheres como parceiras no combate à mortalidade materna e não como inimigas da medicina tradicional? Em que medida essas práticas podem expressar uma forma de empoderamento feminino e de reconhecimento dos saberes locais?

Ora, essas não são questões secundárias, especialmente considerando o movimento afirmativo advindo das comunidades, como relata a Rede Nacional de Parteiras Tradicionais do Brasil, nos tempos de pandemia, apontando para o aumento da procura por parteiras em algumas regiões, seja para acolhimento informacional, seja por situações emergenciais.

A casa de parto de mamãe Zezé em Caruaru[5] reordenou toda a sua logística do pré-natal, espaçando as consultas e utilizando alguns equipamentos de proteção nos partos. Os grupos de apoio das rodas de gestantes da ESCTA (Escola de Saberes Cultura e Tradição Ancestral) ligada à Rede Nacional de Parteiras Tradicionais do Brasil passaram a acontecer de forma virtual em vários estados e países, e os serviços de atendimento ao parto continuam a serem feitos[6].

Considerações finais

Ante o caráter contingente da pandemia e a incipiente realização de pesquisas científicas que consigam determinar um panorama mais preciso das consequências, a longo prazo, do coronavírus para a vida, direitos sexuais e reprodutivos das mulheres brasileiras, as conclusões que esse texto pode trazer são ainda indefinidas.

Algumas reflexões, no entanto, possuem um caráter que ultrapassa a contingência, quais sejam: o acesso precário a um sistema de saúde que consiga dar conta da demanda de saúde sexual e reprodutiva das mulheres, um índice extremamente preocupante de mortalidade materna, a ameaça aos direitos sexuais e reprodutivos, e o desmantelamento de um

---

5. Informações obtidas por contato telefônico com Zezé, Parteira Tradicional atuante na comunidade da Taquara de cima, em Caruaru-PE. Para saber mais, é possível acessar o perfil. Disponível em: https://www.instagram.com/zeze_parteira/. Acesso em: 25 jul. 2020.

6. Informações obtidas via *Whatsapp* com a coordenadora da Rede Nacional de Parteiras Tradicionais do Brasil, Suely Carvalho, e algumas parteiras integrantes da Rede. Para saber mais sobre a ESCTA, é possível acessar o perfil. Disponível em: https://www.instagram.com/esctacaisbrasil/. Acesso em: 25 jul. 2020.

sistema de saúde e de cuidado que poderia funcionar melhor em parceria com as milhares de parteiras tradicionais espalhadas no nosso país.

A pandemia exige, portanto, além da necessidade urgente das demandas assistenciais, importando na divulgação de informação de qualidade à população e auxílio das políticas públicas emergenciais de combate e prevenção ao vírus, da revisão geral da estrutura dessa assistência.

Por um lado, os profissionais de saúde comprometidos com a excelência do atendimento continuam a lutar pelo bom funcionamento do SUS e a fazerem pesquisas extremamente necessárias nesse campo. As parteiras tradicionais também continuam a ser procuradas pelas mulheres de suas comunidades e a prestar os seus serviços, apesar dos desastrosos efeitos do vírus, com o mesmo comprometimento de sempre, mulheres que materializaram o dom de um ofício ancestral e assumiram uma missão de respeito à vida.

Devemos pensar, portanto, que muito provavelmente a efetivação de direitos sexuais e reprodutivos, de direitos humanos se dará, num contexto posterior, com novas formas de considerarmos o conceito de humanidade que temos construído até então.

REFERÊNCIAS

ANDREUCCI, Carla B.; AMORIM, Melania M. R.; KATZ, Leila; KNOBEL, Roxana; MENEZES, Mariane O; NAKAMURA-PEREIRA, Marcos; TAKEMOTO, Maira L. S.The tragedy of COVID-19 in Brazil: 124 maternal deaths and counting. *International Journal of Gynecology e Obstetetrics*, 09 de jul. 2020. Disponível em: https://obgyn.onlinelibrary.wiley.com/doi/abs/10.1002/ijgo.13300. Acesso em: 25 jul. 2020.

BRASIL passa de 85 mil mortes por Covid-19 e tem média de 1.065 por dia na última semana: País conta 85.385 óbitos pela Covid-19 e 2.348.200 infectados com coronavírus; 9 estados têm alta de mortes. *G1*, 24 jul. 2020. Bem-Estar: coronavírus. Disponível em: https://g1.globo.com/bemestar/coronavirus/noticia/2020/07/24/casos-e-mortes-por-coronavirus-no-brasil-em-24-de-julho-segundo-consorcio-de-veiculos-de-imprensa.ghtml. Acesso em: 24 jul. 2020.

BRUNO, Maria Martha. Como vão os direitos reprodutivos na América Latina durante a pandemia do coronavírus. *Gênero e Número,* 16 abr. 2020. Disponível em: http://www.generonumero.media/como-estao-os-direitos-reprodutivos-na--america-latina-em-tempos-de-coronavirus/. Acesso em: 26 jul. 2020.

CAMPOS-ZAMORA, Melissa; LIZAOLA-DIAZ, Heriberto de Leon; LUMBRE-RAS-MARQUES, Mario Isaac; FARBER, Michaela Kristina. Maternal mortality from COVID-19. *In:* Mexico. *International Journal of Gynecology e Obstetrics,* 30 maio 2020. Disponível em: https://obgyn.onlinelibrary.wiley.com/doi/full/10.1002/ijgo.13250. Acesso em: 25 jul. 2020.

CHADE, Jamil. Bolsonaro é denunciado em Haia por Genocídio e Crime contra a Humanidade. *Uol,* 26 jul. 2020. Notícias. Disponível em: https://noticias.uol.com.br/colunas/jamil-chade/2020/07/26/bolsonaro-e-denunciado-no-tribunal--de-haia-por-crimes-contra-humanidade.htm. Acesso em: 26 jul. 2020.

DINIZ, Débora; CARINO, Giselle. Saúde reprodutiva e a covid-19: o escândalo da morte. *El país,* Brasil. 18 maio 2020. Opinião. Disponível em: https://brasil.elpais.com/opiniao/2020-05-17/saude-reprodutiva-e-a-covid-19-o-escandalo-da--morte-materna.html. Acesso em: 25 jul. 2020.

DOMINGUES, P. M. L.; NASCIMENTO, E. R.; OLIVEIRA, J. F. *et al.* Discriminação racial no cuidado em saúde reprodutiva na percepção de mulheres. *Texto Contexto Enferm.* 2013;22(2):285-92.

DO PARTO à covid-19. Hospital da Mulher do Recife chega ao 4° ano como referência em atendimento humanizado. Prefeitura do Recife, Recife 09 maio 2020. *Notícias.* Disponível em: http://www2.recife.pe.gov.br/noticias/09/05/2020/do-parto-covid-19-hospital-da-mulher-do-recife-chega-ao-4o-ano-como-referencia. Acesso em: 23 jul. 2020.

FERREIRA, Letícia; SILVA, Vitória Régia. Só 55% dos hospitais que faziam aborto legal seguem atendendo na pandemia. *Az Mina,* 2 jun. 2020. Reportagens. Saúde e Sexo. Disponível em: https://azmina.com.br/reportagens/so-55-dos-hospitais-que-faziam-aborto-legal-seguem-atendendo-na-pandemia/. Acesso em: 25 jul. 2020.

GALLEGOS, Aura Renata. La partería tradicional: el otro sistema de salud desmantelado. *Rompeviento,* México, 17 abr. 2020. Disponível em: https://www.

rompeviento.tv/la-parteria-tradicional-el-otro-sistema-de-salud-desmantelado/. Acesso em: 25 jul. 2020.

IMIP emite comunicado oficial sobre a Covid-19. *Notícias,* Recife, 20 mar. 2020. Coronavírus. Disponível em: http://www1.imip.org.br/imip/noticias/imip-emite-comunicado-oficial-sobre-a-covid19.html. Acesso em: 24 jul. 2020.

KRENAK, Ailton. *O amanhã não está à venda.* São Paulo: Companhia das Letras, 2020. *E-book.* Disponível em: https://www.companhiadasletras.com.br/detalhe. php?codigo=63150. Acesso em: 22 jul. 2020.

LIMA, Kelly Diogo de. *Raça e violência obstétrica no Brasil.* 2016. Monografia (Programa de Residência Multiprofissional em Saúde Coletiva) — Departamento de Saúde Coletiva, Centro de Pesquisas Aggeu Magalhães, Fundação Oswaldo Cruz, Recife, 2016. *E-book.*

LISAUSKAS, Rita. Oito em cada dez gestantes e puérperas que morreram de coronavírus no mundo eram brasileiras. *Estadão,* 14 jul. 2020. Coronavírus. Disponível em: https://emais.estadao.com.br/blogs/ser-mae/oito-em-cada-dez-gestantes-e-puerperas-que-morreram-de-coronavirus-no-mundo-eram-brasileiras/. Acesso em: 25 jun. 2020.

MARTINS, Alaerte Leandro. Mortalidade materna de mulheres negras no Brasil. *Cadernos de Saúde Pública,* v. 22, n. 11, Rio de Janeiro, nov. 2006.

MBEMBE, Achille. *Necropolítica.* Biopoder, soberania, estado de exceção, política da morte. Tradução de Renata Santini. São Paulo: N-1 Edições, 2018.

MINISTÉRIO da Saúde inclui gestantes e puérperas no grupo de risco para covid-19. *Catraca Livre.* Redação. 9 abr. 2020. Coronavírus. Disponível em: https:// catracalivre.com.br/saude-bem-estar/ministerio-da-saude-inclui-gestantes-e-puerperas-no-grupo-de-risco-para-covid-19/. Acesso em: 24 jul. 2020.

REDE PARTO DO PRINCÍPIO. Dossiê Violência Obstétrica "Parirás com dor" para a CPMI. 2012. Disponível em: https://www.senado.gov.br/comissoes/ documentos/SSCEPI/DOC%20VCM%20367.pdf. Acesso em: 23 jul. 2020.

SAFATLE, Vladimir. Bem vindo ao estado suicidário. São Paulo: N-1 Edições, 004, *Textos.* Disponível em: https://n-1edicoes.org/004. Acesso em: 26 jul. 2020.

SOUTO, Luisa. Mães não conseguem registrar filhos nascidos em casa, na cidade de Paraty. *Universa UOL,* 23 jul. 2020. Mães e Filhos. Disponível em: https://www.uol.com.br/universa/noticias/redacao/2020/07/23/maes-nao-conseguem-registrar-filhos-nascidos-em-casa-na-cidade-de-paraty.htm. Acesso em: 25 jul. 2020.

TORNQUIST, Carmen Susana. Armadilhas da nova era: natureza e maternidade no ideário da humanização do parto. *Revista Estudos Feministas.* Florianópolis, UDESC, Ano 10, p. 483-492, 2º sem. de 2002. Disponível em: http://www.scielo.br/pdf/ref/v10n2/14972. Acesso em: 22 de jul. 2020.

10

"Somos perseguidas [...] e não podemos ter nossos filhos na paz":

análise de um caso de violência obstétrica institucional durante o período da pandemia

Gabriel Carlos da Silva Carneiro Maranhão
Kelly Mendes de Alcântara
Priscilla Viégas Barreto de Oliveira
Venceslau Tavares Costa Filho

Introdução

Eça de Queiroz é autor de um texto intitulado "As catástrofes e as leis de emoção". Ele relata, no final do século XIX, acerca dos efeitos de uma notícia publicada nos jornais portugueses sobre um desastre na China ou na Hungria, com várias mortes. A informação só foi levada ao conhecimento do público lusitano cerca de uma semana depois. Em razão do distanciamento temporal e espacial, a notícia já não causava a mesma comoção que a causada por uma nota publicada no mesmo periódico em relação a uma jovem residente no mesmo bairro, que havia fraturado o pé e era conhecida por toda a vizinhança. A proximidade tende a aumentar a intensidade da emoção.

Talvez seja esta proximidade que nos leve a analisar o caso de uma mulher impedida de exercer sua autonomia quanto ao processo de parto e nascimento pelo Estado de Pernambuco. Trata-se do caso de Alyne Dias de Luna que foi obrigada em virtude de ordem judicial a sair do local de sua residência situada na Ilha de Fernando de Noronha para ser transferida para o município do Recife, capital do Estado de Pernambuco. Por haver se recusado a cumprir decisão anterior no mesmo sentido, Alyne Dias de Luna está sujeita a pena de prisão pelo crime de desobediência, conforme informações fornecidas pela Polícia Civil do Estado de Pernambuco à imprensa em maio de 2020: "A gestante descumpriu ordem judicial na qual determinava sua vinda a Recife em um voo que sairia da ilha no sábado (09). A gestante compareceu na Delegacia de Fernando de Noronha, onde foi ouvida e responderá pelo crime de desobediência".[1]

Desde 2004 existe uma norma técnica do Estado de Pernambuco que obriga as mulheres gestantes residentes em Fernando de Noronha a irem a Recife a partir de 28 semanas de gestação, retornando a Ilha um mês após o parto. Além da distância de 545 entre a Ilha de Fernando de Noronha e o município do Recife, há que se falar também da abissal diferença entre os números de casos de coronavírus nas duas localidades: "Enquanto na ilha, os 28 doentes foram curados e há 25 dias não surgem novos casos, no Recife, foi imposto o bloqueio total para evitar a circulação dos moradores, o *lockdown*".[2]

O único hospital existente na Ilha não dispõe de maternidade e dos recursos humanos e materiais necessários para atender eventuais

---

1. "Me trataram como criminosa", diz gestante obrigada a sair de Noronha. Disponível em: https://www.uol.com.br/universa/noticias/redacao/2020/05/12/gravida-noronha-forcada-a-ir-para-recife.htm Acesso em: 21 jul. 2020.

2. Grávida é retirada à força de Fernando de Noronha para ter parto no Recife. Disponível em: https://g1.globo.com/fantastico/noticia/2020/05/17/gravida-e-retirada-a-forca-de-fernando-de-noronha-para-ter-parto-no-recife.ghtml. Acesso em: 21 jul. 2020.

intercorrências durante o parto. A falta dos investimentos necessários para a realização dos partos na Ilha é justificada pela Secretaria de Saúde do Estado de Pernambuco com base nos custos para a manutenção de tais serviços. De acordo com a Secretaria, considerando uma média de 21 partos por ano, cada um deles custaria ao Estado cerca de R$ 170.000,00 (cento e setenta mil reais). [3]

De acordo com Alyne Dias de Luna, a falta de estrutura motivaria a perseguição infligida às mulheres gestantes: "Somos perseguidas porque não há estrutura mínima para partos e não podemos ter nossos filhos na paz, na tranquilidade de estarmos perto de casa, de estarmos com nossos familiares".[4]

Em razão da falta de estrutura, antes da existência da vedação, algumas gestantes chegaram a ser transportadas para o continente. Mas, é de se questionar se o argumento da defesa da vida e da saúde da mulher justifica a transferência delas para uma localidade com alta incidência de casos de covid-19, especialmente de uma mulher grávida e saudável, como é o caso de Alyne Dias de Luna.

Ela havia decidido ter seu filho na Ilha de Fernando de Noronha, com a assistência de uma doula, em razão do elevado número de casos de covid-19 em Recife, que é uma das cidades brasileiras com maior número de infectados e mortos durante o período da pandemia. De acordo com matéria publicada em 13 de maio de 2020, enquanto em Fernando de Noronha já não havia mais transmissão comunitária do vírus, contabilizavam-se em relação a parte continental do Estado de Pernambuco "13.768 infectados pelo novo coronavírus e 1.087 pessoas mortas por covid-19".[5]

---

3. O drama de ser gestante em Fernando de Noronha. Disponível em: https://claudia.abril. com.br/sua-vida/o-drama-de-ser-gestante-em-fernando-de-noronha/. Acesso em: 21 jul. 2020.

4. "Me trataram como criminosa", diz gestante obrigada a sair de Noronha. Disponível em: https://www.uol.com.br/universa/noticias/redacao/2020/05/12/gravida-noronha-for-cada-a-ir-para-recife.htm. Acesso em: 21 jul. 2020.

5. "Me trataram como criminosa", diz gestante obrigada a sair de Noronha. Disponível em: https://www.uol.com.br/universa/noticias/redacao/2020/05/12/gravida-noronha-for-cada-a-ir-para-recife.htm. Acesso em: 21 jul. 2020.

Por haver se recusado inicialmente a sair da ilha, Alyne chegou a ser "caçada" pela polícia: "Me trataram como se eu fosse uma criminosa, uma fugitiva. A polícia foi três vezes à minha casa. Depois, uma equipe ficou de prontidão na minha porta. (..). Ficar grávida e ser mãe agora virou uma ameaça na ilha", afirmou Alyne.[6]

Vinte dias depois da transferência forçada, nasceu Helena. Este, contudo, dificilmente será o último caso de mulher forçada a sair da Ilha para ter um filho. Assim, passaremos a analisar o caso, explicando o que é violência obstétrica, a necessidade da adoção de perspectiva de gênero nos julgamentos e concluindo pela autonomia da mulher no processo de parto e de nascimento.

A definição de violência contra a mulher é "qualquer ato ou conduta baseada no gênero, causando morte, dano ou sofrimento de ordem física, sexual ou psicológico à mulher, tanto na esfera pública como na esfera privada" (Comitê Latino Americano e do Caribe para a Defesa dos Direitos da Mulher, 1996, p. 6). Logo, a violência contra a mulher apresenta-se de diversas formas e uma delas tem sido extremamente presente e não comentada: a violência obstétrica.

Entende-se por violência obstétrica qualquer ato exercido por profissionais da saúde no que concerne ao corpo e aos processos reprodutivos das mulheres, exprimido através de uma atenção desumanizada, abuso de ações intervencionistas, medicalização e a transformação patológica dos processos de parturição fisiológicos (Juarez; Diana *et al.*, 2012).

O parto é uma experiência narrada como algo sublime, porém determinadas condutas podem tornar este momento maravilhoso em algo que a parturiente procure nunca mais lembrar. Infelizmente tornou-se comum ouvir relatos de violências obstétricas sofridas pelas futuras mães, em seu momento mais sublime, que às vezes influenciam diretamente na decisão de reprisar tal sentimento.

---

6. "Me trataram como criminosa", diz gestante obrigada a sair de Noronha. Disponível em: https://www.uol.com.br/universa/noticias/redacao/2020/05/12/gravida-noronha-forcada-a-ir-para-recife.htm. Acesso em: 21 jul. 2020.

O excesso de intervenções e a medicalização no momento do parto acabam tirando o protagonismo da mulher, impedindo-a de ter autonomia e competência de decidir livremente sobre seu próprio corpo (Muniz; Barbosa, 2012).

A violência obstétrica pode ser realizada por médicos(as) obstetras, enfermeiros(as), anestesiologistas, técnicos(as) de enfermagem, bem como pelos recepcionistas ou administração do hospital. Pode se manifestar também como violência institucional, como a violência praticada pelo estado de Pernambuco indistintamente contra todas as mulheres gestantes residentes em Fernando de Noronha. A vítima de tal violência, infelizmente, é uma parturiente.

Os tipos de violência obstétrica ultrapassam as paredes dos hospitais e perpassam o tempo, as violências sofridas pelas parturientes são causadoras de traumas que são levados por um longo tempo na vida. São formas de violência obstétrica a física, verbal e psicológica. A violência física é trazida quando não há o devido consentimento da mulher para um procedimento como a aplicação de soro com ocitocina que é utilizado como indutor das contrações uterinas, fazendo com que se "acelere" o parto. Bem como a lavagem intestinal para que a gestante não defeque durante o processo de parto, o exame de toque excessivo e a privação de ingestão de líquidos e alimentos quando da desconfiança de uma possibilidade de modalidade de parto, em uma possível problemática no processo de parto.

Tais procedimentos podem acarretar um parto diferente do que era esperado pela mulher, o que pode vir a causar transtornos em um momento nem um pouco indicado para uma parturiente.

No bojo dessa discussão, o Ministério da Saúde cria Políticas de atenção integral à saúde da mulher, que objetiva garantir os direitos de cidadania, sexuais e reprodutivos desse grupo (Souza; Gaíva; Modes, 2011).

As violências obstétricas físicas mais graves tratam-se da episiotomia, utilização de fórceps e manobra de Kristeller, que são o corte na região do períneo, a utilização de uma espécie de pinça na cabeça da criança e uma pressão empregada na região superior da barriga com o intuito de fazer com que a criança "desça" sequencialmente.

A violência verbal contra a parturiente se dá através de comentários constrangedores, ofensivos e humilhantes. E, ainda, com a inferiorização da mulher por sua raça, idade, condição socioeconômica e número de filho. O último se dá a título de exemplo, quando uma mulher em trabalho de parto demonstra muita dor e se socorre aos gritos e apertos e é questionada se já teve outros filhos e com sua confirmação, ouve de quem participa do parto que não entende o motivo de tantos gritos, uma vez que a mesma já teria passado por tal processo.

De acordo com Medeiros *et al.* (2016), o nível de instrução da parturiente é de grande importância, que pode contribuir de forma positiva ou não na interpretação dos procedimentos realizados, diferenciando uma conduta abusiva de uma intervenção necessária naquele momento.

A violência psicológica é feita de forma a colocar a vítima em uma situação de vulnerabilidade, despertando o medo da mesma através de ameaças a vida e bem-estar do bebê caso a gestante não aceite ou concorde com algum tipo de procedimento que também é considerada uma violência obstétrica física ou não. Deixando-a em situação de instabilidade emocional e questionando a segurança de sua vida e de seu bebê. Este é justamente o caso sob análise neste artigo.

Esta espécie de violência também ocorre em casos de abortamento, quando há negativa ou demora no atendimento/procedimento, questionamentos e acusação da causa do aborto, procedimentos invasivos desnecessários, anestesia geral (a qual não é necessária clinicamente) e a denúncia da mulher vítima de aborto por desconfiar das causas do mesmo, são os tipos de violência obstétrica que são ensejados contra as mulheres que sofrem abortos.

Ou seja, existem diversas possibilidades de violência obstétrica, que violam a dignidade das mulheres. Tratando o parto como algo banal, como se uma gestação fosse apenas um procedimento meramente prático e não envolvesse quaisquer outros aspectos.

A mulher e seu corpo têm sido tratados como uma máquina, onde o operador da máquina é o profissional médico que detém o conhecimento sobre ela, negligenciando informações, emoções, sentimentos, percepções e direitos da mulher no gestar e parir, muitas vezes sendo impedidas de ter a presença de um acompanhante, da decisão da posição que querem parir, bem como de se expressar sentimentalmente, contrariando a Política Nacional de Humanização e mudando de foco.

Quando o foco deveria ser a mulher e não o procedimento. Tornando-as assim mais vulneráveis à violência, que é silenciada pelos profissionais e pela própria parturiente. Porém, a vivência e o trauma peregrinam com a mulher além do hospital.

Os sentimentos desencadeados através da experiência negativa do parto podem causar grande impacto, imprimindo nessas mulheres sequelas físicas e psicológicas. Sendo assim, cabe aos profissionais um atendimento humanizado, pautado na conduta acolhedora e respeitosa, garantido a mulher o direito de decidir livremente sobre seu próprio corpo (Aguiar; Rodrigues, 2017).

Julgar com perspectiva de gênero: o Poder Judiciário em desconstrução

A positivação dos direitos das mulheres no âmbito supranacional, nacional e local representa, sem dúvida, um importante passo para a concretização da igualdade de gênero. Diplomas legais que vão de encontro à lógica patriarcal e machista constituem alicerces para impedir a perpetuação das desigualdades entre homens e mulheres. Entretanto, a lei pela lei não é capaz de empreender mudanças sociais.

Indispensável, portanto, inserir discussões sobre igualdade de gênero na aplicação das legislações. Cabe destacar inicialmente que a própria composição de membros do Poder Judiciário ajuda a reproduzir os padrões sociais que sustentam a realidade discriminatória entre homens e mulheres.

As estatísticas comprovam que os responsáveis por conferir interpretação às leis são majoritariamente homens. No estudo "Diagnóstico da participação feminina no Poder Judiciário", publicado em 2019 pelo Conselho Nacional de Justiça (CNJ), os dados apontam que apenas 38,8% da magistratura nacional é formada por mulheres. Esse número cai para 37,6% quando se analisam os magistrados que atuaram nos últimos dez anos.

Por outro lado, é preciso avançar para além dos números e compreender que julgar por uma perspectiva de gênero implica um novo olhar dos operadores do Direito, sejam do sexo masculino ou feminino. Isso implica dizer que não basta aumentar a presença feminina no Poder Judiciário.

Nas palavras da magistrada da Câmara Civil e Comercial de Buenos Aires, Graciela Medina, o desafio atual é criar uma cultura de julgar com perspectiva de gênero que abarque as diferenças entre os sexos e os contextos de vulnerabilidade a que estão submetidas as mulheres.

> Si no se incorpora la perspectiva de género en la toma de decisiones judiciales, seguiremos fracasando en la lucha por la igualdad real de las mujeres, ya que no basta contar con legislaciones supranacionales, nacionales y provinciales de última generación si a la hora de aplicarla se ignora la perspectiva de género y se sustancia el proceso con idénticos mecanismos procesales que cualquier proceso y se lo juzga olvidando la cuestión del género y su problemática que es en definitiva lo que da origen al conflito (Medina, 2016, p. 17)[7]

---

7. "Se não se incorpora a perspectiva de gênero na tomada de decisões judiciais, seguiremos fracassando na luta pela igualdade real das mulheres, já que não basta contar com legislações supranacionais, nacionais e regionais de última geração, se na hora de aplicá-las, ignora-se a perspectiva de gênero e o processo é fundamentado com idênticos mecanismos processuais de qualquer processo e julgado esquecendo a questão de gênero e sua problemática que é, em definitivo, o que dá origem ao conflito" (MEDINA, 2016, p. 17, *tradução livre*).

As discussões sobre a temática não são recentes. Conforme aponta a presidente da Direção da Associação Portuguesa de Mulheres Juristas e desembargadora, Maria Teresa Féria de Almeida, estudos desenvolvidos nos Estados Unidos em 1980 culminaram com a implementação do "National Judicial Education Program to Promote Equality for Women and Men in the Courts", "cujo objetivo primeiro era a chamada de atenção da Judicatura para a existência dos preconceitos sexistas ('The Gender Bias') e os seus efeitos na administração da justiça" (Almeida, 2017, p. 3).

De antemão, cabe salientar que o julgamento com perspectiva de gênero não está adstrito aos casos de violência contra a mulher ou de feminícidio. Assim, Medina analisa no artigo "Juzgar con perspectiva de género" processos da Corte Interamericana de Direitos Humanos e da Suprema Corte Argentina relativos ao direito de família, responsabilidade civil, direito bancário, eleitoral, entre outros.

É preciso tecer um adendo de que a discriminação de gênero nem sempre aparece de maneira explícita nas demandas que chegam ao Poder Judiciário. Portanto, o julgador deve ter um olhar atento para perceber quando essa diferenciação discriminatória é utilizada como argumento pelas partes.

O esforço deve partir também daqueles que ditam a interpretação das normas jurídicas no sentido de estarem vigilantes quanto aos próprios preconceitos e interpretações enviesadas. Afinal, os operadores do Direito não estão apartados do convívio social e, direta ou indiretamente, reproduzem nas decisões judiciais o patriarcado e os padrões dominantes de masculinidade.

> O discurso judiciário não é alheio ao tratamento diferenciado e hierarquizado existente na sociedade no tocante aos homens e às mulheres, pois que sendo o Direito uma das disciplinas que por excelência trata da realidade social, regulando-a, e transformando-a por força dessa regulação, está fortemente impregnado de todas as ideias, imagens sociais, preconceitos e estereótipos relativamente às mulheres, à sua (nossa) posição e papel social, e quem o aplica, nomeadamente quem

trabalha nos Tribunais, encontra-se imerso/a nessa mesma realidade (Almeida, 2017, p. 3).

Levar em consideração tal perspectiva não implica dizer que haverá uma decisão a favor das mulheres exclusivamente pela questão do gênero. Todavia, os julgadores, ao analisar os fatos, devem rechaçar discursos que invisibilizem as demandantes ou demandadas em um processo judicial. Como instância incumbida de zelar pelos direitos, o Poder Judiciário não pode se eximir da responsabilidade social de coibir que discriminações de gênero contaminem a isenção necessária dos julgadores.

Não se trata de conferir nenhuma vantagem às mulheres na seara judicial, mas de uma obrigação dos julgadores de considerar os privilégios concedidos aos homens e o histórico de marginalização e invisibilização a que os indivíduos do sexo feminino foram e são submetidos pelo simples fato de serem mulheres. O papel do Judiciário é não "naturalizar" essas desigualdades, tendo em vista que o gênero, diferentemente das diferenças anatômicas que fundamentam as definições de sexo masculino e feminino, é um conceito fundamentalmente social, construído a partir da imposição de comportamentos, atitudes e estereótipos que definem o que é ser "homem" ou "mulher" na sociedade.

Na avaliação dos casos concretos, a inserção das questões relativas a gênero precisa incluir também transversalmente os vetores de raça e classe social que atuam conjuntamente para a desigualdade entre pessoas do sexo masculino e feminino. A desconstrução de uma categoria homogênea "mulher" perpassa pelo entendimento de que as situações de vulnerabilidade não são as mesmas para todas as mulheres e as atingem diferentemente de acordo com a cor da pele e a situação socioeconômica.

O caso da empresária residente em Fernando de Noronha Alyne Luna, analisado neste trabalho, demonstra que apesar de o arcabouço normativo servir de instrumento para coibir situações de violência contra as mulheres, o direito positivado não tem o condão de atuar como "fórmula mágica" para impedir violações dessa natureza. A própria determinação judicial que obrigou Alyne a deixar a ilha para dar à luz conflita, em meio à pandemia do novo coronavírus, com a salvaguarda da integridade física e do direito à saúde da gestante e do bebê.

Tendo em vista que, à época, Fernando de Noronha não apresentava nenhum caso de covid-19 registrado, a transferência forçada de Alyne para a capital submeteu ela e o filho a uma situação de vulnerabilidade, em flagrante desrespeito à autonomia da mulher no processo de gestação e parto. Tem-se, portanto, aqui uma decisão do Poder Judiciário que, ao invés de conferir proteção às mulheres, representa um vetor de propagação do modelo segregador e excludente do patriarcado.

Em outras palavras, para se evitar que situações semelhantes a da empresária Alyne se perpetuem, faz-se indispensável que a transversalidade inerente aos direitos humanos possa ser incorporada pelos tribunais e instâncias internacionais. Quando as demandas envolvem grupos socialmente vulnerabilizados não cabe a defesa dos direitos desses indivíduos apenas em abstrato. Sendo assim, a diluição das desigualdades só pode se concretizar se os julgadores foram capazes, eles mesmos, no exercício do ofício, de utilizarem o Direito como ferramenta para a desconstrução dos padrões de dominação e discriminação social vigentes.

Gestar e parir: (há) a autonomia da mulher (?)

A retirada compulsória da noronhense Alyne Dias para realizar seu parto fora da ilha não é novo, nem um problema recente, já que a única maternidade do arquipélago foi desativada em 2004, o que tem obrigado gestantes a se deslocarem a Recife, distante 545 km, a partir da 34ª semana de gravidez, segundo protocolo instituído pela Coordenadoria de Saúde do arquipélago, que tem sede em Recife (Costa, 2015).

Ao abordar essa questão em uma das matérias da série intitulada "Mães de Noronha", veiculada em um jornal de Pernambuco, Nascimento (2013) traz relatos das últimas mulheres que puderam ter filhos na ilha. No texto, é trazida também uma fala do Ministério Público que afirma como injustificável a manutenção de uma equipe de suporte ao parto em Fernando Noronha, tendo em vista os custos, aliado ao baixo quantitativo de nascimentos anuais.

Ou seja, a justificativa de manutenção de logística no continente, e não na ilha, remete a critérios econômicos, que desconsideram as questões que envolvem o parto e o nascer. O que reduz a gestação a um mecanismo meramente biológico de reprodução, como se não envolvessem aspectos emocionais, psicológicos, familiares e da coletividade.

Essa visão vai na contramão da perspectiva histórica de defesa da autonomia da mulher contida na Conferência de Cairo relatada pela Organização das Nações Unidas (ONU, 1994), que conceitua a saúde reprodutiva como direito humano e elemento fundamental da igualdade de gênero, e inclui o "direito de tomar decisões sobre a reprodução, livre de discriminação, coerção ou violência" (p. 62).

Além da ótica assumida pelo governo brasileiro por meio de forte incidência da participação e controle social, quando do ainda Programa de Assistência Integral à Saúde da Mulher, constituído como Política de Atenção Integral à Saúde da Mulher em 2004, que entende a priorização das práticas educativas na assistência em saúde como estratégia para a construção da crítica e autonomia junto às mulheres[8].

A World Health Organization[9] *et al.* (WHO *et al.*, 2018) apontou, em suas *Recomendações de cuidado durante o parto para uma experiência positiva*, elementos-chave para atenção respeitosa à maternidade:

> ausencia de daño o trato incorrecto; mantenimiento de la privacidad y la confidencialidad; *atención digna;* aporte de información y apoyo

---

8. Ver mais em: https://www.saude.gov.br/saude-para-voce/saude-da-mulher/sobre-a-area

9. Organização Mundial da Saúde, em português.

en el proceso de otorgación del consentimiento fundamentado; *acceso continuo al apoyo de la familia y de la comunidad; entorno físico y recursos de alta calidad;* atención de maternidad equitativa; comunicación efectiva; *ofrecimiento de alternativas y posibilidad de tomar decisiones; disponibilidad de recursos humanos competentes y motivados, y recibir una atención eficiente, eficaz y continua* (Who *et al.*, 2018, p. 21, grifos nossos)[10].

Nesse caso, a abordagem da autonomia das mulheres se faz oportuna. O conceito aqui assumido é o colocado por Freire (2011), que traz a autonomia como processo de emancipação de sujeitas e sujeitos carregados de historicidade, que se inter-relacionam de forma crítica entre si e o mundo. Entendendo a diversidade inscrita nessas relações, situadas no tempo, que podem atuar como facilitadores ou barreiras de possibilidades de indivíduos e coletividades.

E nesse sentido, emancipação pode até representar liberdade ou liberação, mas não obrigatoriamente culmina com a igualdade, refletindo a necessidade de problematização do que a inserção da agenda de debate sobre desigualdades de gênero, raça e classe tem promovido de concreto. Tendo em vista o grande contexto de desigualdades brasileiro que apresenta diferenças entre mulheres no acesso a direitos que se propõem a operar de forma universal e das oportunidades verdadeiramente disponíveis.

Considerando somente os aspectos que se relacionam à área da saúde, que traz a perspectiva da humanização na assistência à mulher durante a gravidez, parto e pós-parto, a situação que ocorre na ilha de Fernando de Noronha pode ser caracterizada como uma grave violação de direitos, tendo em vista tirar da mulher a faculdade

---

10. "ausência de dano ou tratamento impróprio; manutenção da privacidade e confidencialidade; atenção digna; fornecimento de informações e apoio no processo de concessão de consentimento informado; acesso contínuo ao apoio familiar e comunitário; ambiente físico e recursos de alta qualidade; cuidados de maternidade equitativos; comunicação efetiva; oferta de alternativas e possibilidade de tomada de decisões; disponibilidade de recursos humanos competentes e motivados, e receber atendimento eficiente, eficaz e contínuo" (WHO *et al*, p. 21, grifos nossos, *tradução livre*).

de parir em seu local de domicílio, com grande repercussão em seu cotidiano pelo afastamento de seu convívio familiar e comunitário.

E diante do silenciamento do desejo da mulher e da violência institucionalizada, o que fica nítido no caso da gestante noronhense é a sobreposição da visão médica e da normativa estatal do que é melhor para o binômio mãe-criança, tendo em vista ser essa a visão que aparece nas decisões tomadas de envio da gestante a Recife em meio à pandemia, paradoxalmente ao próprio risco de exposição desse mesmo binômio, uma vez que a capital está em aceleração franca dos casos do novo coronavírus, quando na ilha não havia registro.

Portanto, é preciso olhar a situação para além da perspectiva do acesso à saúde. E, nesse sentido, aponta-se que o corpo feminino é permeado historicamente por marcações culturais, que são influenciadas por suas representações no espaço-tempo, códigos morais, leis, conjunturas políticas, ou como afirma Goellner (2013) "um corpo não é apenas um corpo, é também o seu entorno" (p. 31).

E, ao tratar de questões que envolvem os direitos sexuais e reprodutivos das mulheres, que inclui a maternidade e arranjos familiares, lida-se com processos de corpos em disputa. No caso brasileiro, representam as disputas políticas e as (re)ações conservadoras que implicam nas diversas formas de regulação, intervenção e valorização dos corpos e do ser-existir como sujeita sexuada (Biroli, 2018).

Segundo Biroli (2018), as desigualdades entre homens e mulheres têm estatuto formal. Na tradição liberal, normas que teoricamente garantem as liberdades individuais restringem seu exercício pelas mulheres, o que mantém e reforça as subordinações das mulheres aos homens, seja a seus pais ou maridos, seja pelo controle do Estado.

Assim, as mulheres têm sido sistematicamente tuteladas pelo Estado, pela medicina, pela igreja, que se colocam como as autoridades legítimas na definição de ações sobre os corpos femininos, seja por meio do conhecimento e informação, seja pelo julgamento moral-religioso, desconsiderando as mulheres como pessoas de direitos à decisão, informação e autonomia sobre seus corpos, principalmente no que se refere à gestação e ao parto.

Associado a esse contexto histórico de luta permanente das mulheres pela sua autodeterminação, o Brasil se depara com a pandemia do novo coronavírus, decretada em março de 2020, em meio a um cenário de recessão que carrega marcas de crises passadas, atualiza os debates sobre a sociabilidade burguesa e suas políticas macroeconômicas neoliberais que, nos últimos tempos, destruíram diversos sistemas de proteção social no mundo. A pandemia apenas desnuda a exploração e suas contradições.

No Brasil, os impactos sociais e econômicos da pandemia somam-se a uma crise política sem precedentes, fruto da agenda reacionária, e à política destrutiva do atual governo, que gera crises consecutivas, com ameaças contínuas e um desdém e inépcia profunda no combate ao coronavírus e sua difusão descontrolada pelo país com total descaso pelos óbitos dele decorrentes.

Além disso, registra-se, de acordo com Recomendação emitida pelo Conselho Nacional de Saúde (CNS, 2020), o aumento dos casos de violência contra as mulheres, além da retirada do site do Ministério da Saúde, sem justificativas, da Nota Técnica n. 16/2020, que orientava a continuidade das ações dos serviços essenciais à saúde sexual e saúde reprodutiva diante do contexto da pandemia do novo coronavírus.

O CNS (2020) também sinalizou na mesma Recomendação, referindo estudo da Fiocruz, que as desigualdades e vulnerabilidades são condições agravantes da pandemia, com a morte de 76% das mulheres pardas e pretas hospitalizadas, em detrimento de 28% das mulheres brancas, expressão brasileira do racismo e eugenia estruturante e institucional.

Isso remete à célebre frase de Simone de Beauvoir: "Basta uma crise política, econômica e religiosa para que os direitos das mulheres sejam questionados" (Beauvoir, 2009, p. 29). No entanto, fica explícito que no Brasil há diferenças nas vivências de opressões e violências entre as mulheres, e entendendo que o controle reprodutivo é fundamental para o exercício da autonomia, urge a assunção de uma perspectiva interseccional com convergência entre gênero, raça, etnia, classe e sexualidade.

REFERÊNCIAS

AGUIAR, E. M.; RODRIGUES, M. S. Violência obstétrica durante o processo de parturição: relato de mulheres de uma unidade de saúde do interior de Minas Gerais. *Revista Brasileira de Ciências da Vida*, v. 5, n. 2, p. 1-29, jul. 2017.

ALMEIDA, Maria Teresa Féria de. Julgar com uma perspectiva de gênero. *Revista JULGAR (online)*, novembro, 2017, 13 p. Disponível em: http://julgar.pt/julgar-com-uma-perspetiva-de-genero/. Acesso em: 14 jul. 2020.

BEAUVOIR, Simone de. *O segundo sexo*. 2. ed. Rio de Janeiro: Nova Fronteira, 2009.

BIROLI, Flávia. Aborto, sexualidade e autonomia. *In:* BIROLI, Flávia. *Gênero e desigualdades:* limites da democracia no Brasil. 1. ed. São Paulo: Boitempo, 2018. p. 133-169.

COMITÊ LATINO-AMERICANO E DO CARIBE PARA A DEFESA DOS DIREITOS DA MULHER. Instituto para Promoção da Equidade, Assessoria, Pesquisa e Estudos. *Convenção Interamericana para prevenir, punir e erradicar a violência contra a mulher, "Convenção Belém do Pará"*. São Paulo: KMG, 1996.

CONSELHO NACIONAL DE JUSTIÇA. Diagnóstico da Participação Feminina no Poder Judiciário. 2019. Disponível em: https://www.cnj.jus.br/wpcontent/uploads/conteudo/arquivo/2019/05/cae277dd17bb4d4457755febf5eed9f.pdf. Acesso em: 14 jul. 2020.

CONSELHO NACIONAL DE SAÚDE. *Recomendação n. 045, de 23 de junho de 2020.* Recomenda à Câmara dos Deputados o arquivamento do PDL n. 271/2020, que susta a aplicação de Normas Técnicas do Ministério da Saúde referentes à saúde da mulher e dá outras providências. Disponível em: http://conselho.saude.gov.br/recomendacoes-cns/1233-recomendacao-n-045-de-23-de-junho-de-2020. Acesso em: 16 jul. 2020.

COSTA, Camilla. Por que não nascem bebês em Fernando de Noronha? *BBC Brasil*, 2015. Disponível em: https://www.bbc.com/portuguese/noticias/2015/12/151113_noronha_partos_cc. Acesso em: 16 jul. 2020.

FREIRE, Paulo. *Pedagogia da autonomia:* saberes necessários à prática educativa. São Paulo: Paz e Terra, 2011.

GOELLNER, Silvana Vilodre. A produção cultural do corpo. *In:* LOURO, Guacira Lopes; FELIPE, Jane; GOELLNER, Silvana Vilodre (org.). *Corpo, gênero e sexualidade:* um debate contemporâneo na educação. 9. ed. Petrópolis: Vozes, 2013. p. 30-42.

JUÁREZ, Diana *et al. Violencia sobre las mujeres*: herramientas para el trabajo de los equipos comunitarios / Diana Juárez y otras. Edición literaria a cargo de Ángeles Tessio. 1. ed. Buenos Aires: Ministerio de Salud de la Nación, 2012.

MEDEIROS, N. C. M. *et al.* Violência obstétrica: percepções acerca do parto normal. Rev. Tem em Saúde, João Pessoa, v. 16, n. 3, p. 503-528, 2016.

MEDINA, Graciela. Juzgar com perspectiva de género. ¿Porque juzgar con perspectiva género? y ¿Cómo juzgar com perspectiva de género?. *Justitia Familiae* — Revista de las Comisiones Nacionales PpR Familia y de Implementacion de la Ley n. 30.364 de la Suprema Corte de Justicia de la República del Perú, a. 1, n. 1 (2016). Lima: Corte Suprema de Justicia de la República del Perú, p. 15-74. Disponível em: https://pprfamilia.pj.gob.pe/wps/wcm/connect/239791004f-d82b548790b7d34b949b64/Libro+JUSTITIA+FAMILIAE_2.pdf?MOD=AJPERES. Acesso em: 13 jul. 2020.

MINISTÉRIO DA SAÚDE. *Diretriz Nacional de Assistência ao Parto Normal. Conitec.* Relatório de Recomendação. Secretaria de Ciência, Tecnologia e Insumos Estratégicos. jan./2016. Disponível em: http://conitec.gov.br/images/Consultas/2016/Relatorio_Diretriz- PartoNormal_CP.pdf. Acesso em: 20 jul. 2020.

MUNIZ, B. M. V.; BARBOSA, R. M. Problematizando o atendimento ao parto: cuidado ou violência? In: *Memorias.* Convención Internacional de Salud Pública. Cuba Salud, 2012.

NASCIMENTO, Anamaria. Noronhenses são espécie em extinção. *Diário de Pernambuco* (Vida Urbana), 2013. Disponível em: https://amp-pe.jusbrasil.com.br/noticias/112179104/noronhenses-sao-especie-em-extincao-diario-de-pernambuco-vida-urbana. Acesso em: 16 jul. 2020.

ORGANIZAÇÃO DAS NAÇÕES UNIDAS. *Relatório da conferência internacional sobre população e desenvolvimento.* Cairo, 1994. Disponível em: https://brazil.unfpa.org/sites/default/files/pub-pdf/relatorio-cairo.pdf. Acesso em: 16 jul. 2020.

ORGANIZAÇÃO MUNDIAL DA SAÚDE (OMS). *Prevenção e eliminação de abusos, desrespeito e maus-tratos durante o parto em instituições de saúde.* Genebra, Suíça: OMS, 2014. Disponível em: http://apps.who.int/iris/bitstream/10665/134588/3/WHO_RHR_14.23_por.pdf. Acesso em: 20 jul. 2020.

SOUZA, Taísa Guimarães de; GAÍVA, Maria Aparecida Munhoz; MODES, Priscilla Shirley Siniak dos Anjos. A humanização do nascimento: percepção dos profissionais de saúde que atuam na atenção ao parto. *Revista Gaúcha de Enfermagem*, v. 32, n. 3, p. 479-486, 2011.

WORLD HEALTH ORGANIZATION *et al. Recomendaciones de la OMS para los cuidados durante el parto, para una experiencia de parto positiva.* Genebra: World Health Organization, 2018.

11
"Máscara é coisa de viado":
retóricas LGBTfóbicas e discurso de ódio em tempos de pandemia de coronavírus

Leo Mozdzenski
Maria Virgínia Leal

Introdução

Este artigo está sendo escrito no exato momento em que o Brasil alcança uma marca nada admirável: passado um pouco mais de cinco meses do início da pandemia provocada pelo novo coronavírus (SARS-CoV-2), o país contabiliza 100 mil pessoas mortas em virtude da covid-19. Na verdade, estima-se que esse número seja bem maior, tendo em vista a ocorrência de subnotificação em todos os estados brasileiros. Os registros oficiais de óbitos incluem tão somente os casos de morte em hospitais e/ou que tenham testado positivo para o vírus. Além disso, existe ainda o chamado "efeito transbordamento" que a covid-19 pode provocar sobre as causas de morte mais comuns, como cardiopatia ou câncer.

À frente desse lúgubre cenário brasileiro, jaz um presidente ne-gacionista, ultradireitista e destituído de qualquer empatia, incapaz de demonstrar um mínimo de solidariedade diante dessa calamidade pública. Flagrantemente despreparado para lidar com uma crise de saúde mundial dessa magnitude, o chefe do Poder Executivo brasi-leiro preferiu optar por deixar seu Ministério da Saúde sem titular, desdenhando da gravidade dessa tragédia ao afirmar que se trata de "uma gripezinha", ao indagar "quer que eu faça o quê?", ao propa-gar um "remédio que cura" sem qualquer comprovação científica ou mesmo ao desdenhar das vítimas fatais da doença e seus familiares, afirmando: "eu não sou coveiro" (BBC News Brasil, 2020).

Em meio a essa catástrofe anunciada, a população LGBT[1] é um dos grupos sociais que mais sofrem com as repercussões desse desgoverno e com o recrudescimento do ideário reacionário e homotransfóbico de uma expressiva parte da sociedade brasileira. É o que pode ser observado, por exemplo, a partir das discussões travadas no webi-nário *Pessoas LGBTQI+ no Brasil, vulnerabilidade e impactos da covid-19*, promovido pelo Fundo de População das Nações Unidas (UNFPA), em parceria com a Associação Brasileira de Estudos Populacionais (UNFPA BRASIL, 2020).

---

1. Sigla usada para designar Lésbicas, Gays, Bissexuais, Travestis, Transexuais e Trans-gêneros. Atualmente, é possível observar o emprego de outras abreviações derivativas, como LGBTQ (com a letra Q indicando as pessoas *queer*, sendo mais presente nos movimentos sociais estadunidenses), LGBTI (com a letra I indicando pessoas intersexuais, usada com frequência por entidades internacionais, como a Organização das Nações Unidas e a Anistia Internacio-nal) ou, mais recentemente, LGBTQIA+ (com a letra A indicando os assexuais e o sinal + para representar outras identidades/sexualidades não cobertas pelas letras anteriores). No presente trabalho, será utilizada a sigla LGBT, por ser o termo de maior uso corrente nas pesquisas na-cionais, na mídia e em documentos oficiais. Em todo caso, o emprego da sigla aqui diz respeito a qualquer pessoa não heterossexual e/ou não cisgênera. Também serão adotadas doravante as seguintes convenções: *a)* na esteira de Lopes (2011), o adjetivo "gendérico" (e suas variações) corresponde à locução adjetiva "de gênero" (cf. *gender*, ou seja, "gênero" em inglês); *b)* apesar de suas especificidades semânticas, os seguintes termos são considerados equivalentes: comu-nidade LGBT, população sexodiversa, público sexodissidente e dissidências sexogendéricas (e variações dessas expressões).

No debate virtual, diversos pesquisadores chamaram a atenção para o preconceito e o estigma social que são experienciados por pessoas LGBT e que as expõem a situações de vulnerabilidade e risco, afetando as suas vidas de variadas formas — da integridade física e mental até as oportunidades no mercado de trabalho. Essa situação é ainda mais agravada no atual contexto pandêmico: 43% da população LGBT afirma ter tido a sua saúde mental afetada nesse período, sobretudo devido ao afastamento de sua rede de apoio e à perda de sua fonte de renda. Esses são os resultados do estudo *LGBT+ na pandemia: o que estamos vivendo*, promovido pelo coletivo #VoteLGBT com mais de 10 mil respondentes, e que foi apresentado no webinário da UNFPA (#VOTELGBT, 2020).

Concomitantemente com essas adversidades decorrentes do impacto da pandemia do coronavírus em seu cotidiano, a comunidade sexodiversa ainda se vê obrigada a enfrentar atitudes e comentários discriminatórios que pululam diariamente nas mídias e nas redes sociais. Proferidas aos borbotões por políticos, líderes religiosos, celebridades em geral e *digital influencers*, essas declarações evidenciam as indeléveis opressões sofridas pelas chamadas minorias sexogendéricas em razão de uma sexualidade e/ou de uma identidade de gênero desviante do que se impõe como "normal".

Este artigo propõe trazer à tona e problematizar dois episódios bastante significativos ocorridos recentemente no país em plena ebulição da covid-19. O primeiro diz respeito a uma observação homofóbica, pretensamente cômica, feita pelo presidente da República acerca do uso das máscaras de proteção facial contra o coronavírus. Já o segundo se refere ao discurso de ódio transfóbico resultante da polêmica suscitada por uma publicidade do Dia dos Pais, protagonizada por um homem transgênero com seu filho, filmados na rotina diária da quarentena. Para subsidiar a presente investigação, serão mobilizados princípios e procedimentos analíticos dos estudos retórico-discursivos, a seguir expostos.

Retórica, *ethos* e *pathos*: construindo identidades, encenando emoções

Para este trabalho, a retórica é concebida, por um lado, como a disciplina que estuda a forma como nos comunicamos persuasivamente uns com os outros e, por outro lado, como a própria atividade suasória de um enunciador — orador ou escritor — que procura influenciar e moldar discursivamente a maneira como seus interlocutores, sua audiência ou seus leitores pensam ou agem em face de determinado tema. Objetivando evidenciar de que modo se dá a constituição do discurso lgbtfóbico em tempos de pandemia, esta pesquisa irá recorrer às noções retóricas de *ethos* e de *pathos* para a investigação do *corpus*. Assim, cabe discutir brevemente esses conceitos e como eles operam na produção de sentidos do texto.

As noções de *ethos* e *pathos* nascem com a prática da oratória e da retórica na Grécia e na Roma antigas. A tradicional trilogia aristotélica dos meios de prova — também chamados como "apelos" — é constituída pelos seguintes elementos: *ethos*, que consiste em provocar uma boa impressão pelo modo como o orador constrói o seu discurso, produzindo uma imagem de si capaz de convencer o auditório e ganhar-lhe a adesão; *pathos*, que se refere aos tipos de apelo sentimental e à importância dada ao auditório, considerando-se como conquistar a anuência alheia através da emoção; e *logos*, que trata da construção discursiva lógica do argumento, bem como dos tipos de raciocínio utilizados pelo orador (Aristóteles, 2007; Leach, 2002).

Na contemporaneidade, no domínio da Análise do Discurso, o *ethos* é compreendido como a autoimagem produzida pelo próprio enunciador no momento em que começa a discursar (Maingueneau, 2008). Já o *pathos* diz respeito à manifestação discursiva de sentimentos do enunciador a fim de comover a audiência e obter o seu apoio perante as ideias propostas (Charaudeau, 2007). Atualmente aplicados também na construção e na interpretação de textos escritos — e não apenas nos pronunciamentos orais, como na retórica clássica —, esses dois conceitos encontram-se intrinsecamente associados entre si. Construir identidades e encenar emoções são os dois lados de qualquer situação comunicativa.

Em outras palavras, para persuadir seus interlocutores, o enunciador deve modelar o seu *ethos* e apoiar os seus argumentos tendo em vista as representações coletivas que sugerem, sob o ponto de vista dos ouvintes/leitores, um valor positivo. O objetivo é produzir no público pensamentos e sentimentos favoráveis e adequados à situação. Como argumenta Amossy (2005, p. 124), é "a representação que o enunciador faz do auditório, as ideias e as reações que ele apresenta, e não sua pessoa concreta, que modelam a empresa da persuasão". Ou ainda, segundo Perelman (1997, p. 70):

> Para que a argumentação retórica possa desenvolver-se, é preciso que o orador dê valor à adesão alheia e que aquele que fala tenha a atenção daqueles a quem se dirige: é preciso que aquele que desenvolve sua tese e aquele a quem quer conquistar já formem uma comunidade, e isso pelo próprio fato do compromisso das mentes em interessar-se pelo mesmo problema.

Em toda troca comunicativa, o *ethos* está relacionado às pistas discursivas (verbais e não verbais) que evidenciam o modo como o falante/escritor se vê e como quer que os outros o vejam — podendo ou não ser bem-sucedido nessa empreitada. Já o *pathos* pode ser entendido como quaisquer aspectos discursivos que, numa determinada situação, seriam capazes de desencadear no auditório algum tipo de reação afetiva. O *pathos* não implica a certeza ou a garantia de provocar sentimentos, sensações ou respostas nos interlocutores. Antes, consiste em uma tentativa, uma expectativa ou uma possibilidade de fazer aflorar estados emotivos nos ouvintes, leitores ou espectadores.[2]

Dessa forma, a missão dos pesquisadores consiste em investigar as potenciais dimensões identitárias (do enunciador) e patêmicas (afetivas)

---

2. Para uma discussão mais aprofundada sobre *ethos* e *pathos*, ver Mozdzenski (2012).

presentes na argumentação e na materialidade linguística e multis-semiótica de um texto. O propósito é examinar como o interlocutor — indivíduo ou grupo de pessoas — pode ser convencido a acatar as causas defendidas pelo orador/escritor, evocando-se para tanto certos estados emocionais associados a um enunciador digno de credibilidade.

Isto posto, diante desse aparato teórico-metodológico, este trabalho propõe examinar em especial como se processa a constituição do *ethos* e do *pathos* em recentes comentários homotransfóbicos que vêm alcançando significativa repercussão na mídia e nas redes sociais e que estão atrelados, direta ou indiretamente, ao momento de crise pandêmica em que estamos vivendo.

"Máscara é coisa de viado": a retórica cis-heteronormativa

Em mais uma de suas constrangedoras declarações habituais, o atual presidente da República novamente arrevessou preconceito e ignorância, tendo como alvo da vez os usuários de máscaras de proteção facial contra o novo coronavírus. Relembrando o imbróglio: em julho de 2020, em meio ao crescimento desenfreado da pandemia de covid-19 no Brasil, o presidente brasileiro — logo antes de ser diagnosticado com a doença — se recusava a usar a máscara e dizia aos funcionários e visitantes do Palácio do Planalto que aquilo era "coisa de viado" (Bergamo, 2020).

Lamentavelmente, isso não constitui uma atitude e um ponto de vista isolados dentro do atual cenário político e social brasileiro, massivamente reacionário, sexista e lgbtfóbico.[3] Apesar de serem

---

3. Após sua posse, uma das primeiras medidas tomadas pelo atual presidente brasileiro foi a expedição da Medida Provisória n. 870/2019, relativa à organização dos órgãos e ministérios da Presidência da República, excluindo a população LGBT da relação de Políticas e Diretrizes destinadas à promoção dos Direitos Humanos.

DIREITOS HUMANOS EM TEMPOS DE PANDEMIA DE CORONAVÍRUS

expressamente recomendadas pela Organização Mundial da Saúde (OMS) como estratégia eficaz para reduzir a propagação do coronavírus em locais públicos (OMS; OPAS, 2020), as máscaras faciais protetivas são taxativamente rotuladas como "sinal de fraqueza" pelos homens (Lima, 2020). E isso — para além do óbvio machismo — é bastante preocupante por colocar seriamente em risco a saúde alheia.

De acordo com Capraro e Barcelo (2020), agora que vários países estão examinando a possibilidade de flexibilizar as normas de quarentena e isolamento social, é importante que as pessoas usem uma cobertura para o rosto para evitar o ressurgimento exponencial da propagação do coronavírus. Uma vez que nem sempre é possível um monitoramento mais efetivo em torno da adesão popular, via imposição legal, ao uso das máscaras faciais, os autores alertam para a urgência de se implementarem outras medidas para incentivar a utilização desse aparato — principalmente focando-se na população masculina.

Isso porque, segundo a pesquisa realizada por Capraro e Barcelo (2020), existem significativas diferenças de gênero no que tange às intenções de usar uma cobertura para o rosto. Consoante os estudiosos, mais mulheres do que homens pretendem lançar mão das máscaras de proteção facial para se defenderem contra a covid-19. Além disso, entre aquelas pessoas que acreditam que serão severamente afetadas pelo coronavírus, foi possível constatar que é menor o número de homens do que o de mulheres. Para os pesquisadores, isso é particularmente irônico porque as estatísticas oficiais mostram que as vítimas mais gravemente afetadas pela covid-19 são os homens.

Finalmente, Capraro e Barcelo (2020) também observaram diferenças de gênero no que se refere a emoções negativas autorrelatadas sentidas no uso das máscaras protetivas faciais. Os homens, bem mais do que as mulheres, alegam que trajar esse tipo de aparato no rosto é vergonhoso, nada legal, um indício de fraqueza e constitui até mesmo um estigma. Nessa toada, não é de se estranhar, pois, a afirmação homofóbica do presidente da República de que usar máscara é "coisa de viado".

A noção pejorativa de "viado"[4] para designar homens gays e, por extensão, tudo o que está correlacionado a comportamentos compreendidos socioculturalmente como sendo "não masculinos" — feminilidade, delicadeza, sensibilidade, pusilanimidade, melindre etc. — advém do heterossexismo,

> [...] que se define como a crença na hierarquia das sexualidades, que coloca a heterossexualidade em um nível superior. E o resto das formas de sexualidade aparece, no melhor dos casos, como incompletas, acidentais e perversas, e no pior, como patológicas, criminosas, imorais e destruidoras da civilização (Borrillo, 2001, p. 32).

Decorrente da ideia de heterossexismo, o modelo cis-heteronormativo de sexualidade e identidade de gênero estabelece como normais e socialmente aceitáveis os homens e mulheres cisgêneros[5] e heterossexuais. Quaisquer outras vivências que escapem a esse padrão hegemônico e estandardizado são marginalizadas, desprezadas ou mesmo estigmatizadas por práticas sociopolíticas, ideológicas, religiosas etc.

Rich (1980) propõe o conceito de "heterossexualidade compulsória", sustentando que a heterossexualidade não é natural, e sim o

---

4. Está sendo empregada aqui a grafia de "viado" com a letra "i", por ser a forma massivamente adotada entre os próprios membros da comunidade LGBT. Sua provável origem advém da abreviação de "transviado" ou "desviado", termos usados sobretudo na ditadura militar para denominar o indivíduo que se desviava da "normalidade" quanto à sua sexualidade. Outra hipótese, dessa vez utilizando a grafia com a letra "e", faz alusão à associação entre veado (animal) e o número 24, que é o número do veado no jogo do bicho e cuja sonoridade assemelha-se a "vim de quatro" — considerada, na estereotipagem jocosa heterossexual masculina, uma posição sexual tipicamente praticada por homens gays. Há também referência à "delicadeza" do veado, tido como um animal meigo, frágil e saltitante, o que ficou cristalizado no imaginário coletivo a partir da animação *Bambi*, da Disney, de 1942 (Testoni, 2019).

5. O termo *cisgênero* (ou *cissexual* ou apenas *cis*) é empregado nos estudos de gênero e sexualidade — como contraponto a *transgênero* (ou *transexual* ou apenas *trans*) — para indicar as pessoas que se identificam com o gênero que lhes foi designado ao nascerem. Ou seja, significa uma concordância entre a identidade de gênero de uma pessoa, o seu sexo biológico e o seu comportamento/papel avaliado como socialmente aceito para esse sexo (Brasil, 2016).

resultado de um conjunto de práticas coletivas que a impõem como a maneira "correta" de os indivíduos se relacionarem sexual e afetivamente. Por seu turno, a noção de heteronormatividade, consoante Miskolci (2012), é concebida, em 1991, pelo teórico social e crítico literário norte-americano Michael Warner, indicando uma "nova ordem social", a qual impõe que todos estruturem as suas práticas sociais diárias em conformidade com o paradigma da heterossexualidade.

De acordo com Colling e Nogueira (2015, p. 182):

> Enquanto na heterossexualidade compulsória todas as pessoas devem ser heterossexuais para serem consideradas normais, na heteronormatividade todas devem organizar suas vidas conforme o modelo heterossexual, tenham elas práticas sexuais heterossexuais ou não. Com isso entendemos que a heterossexualidade não é apenas uma orientação sexual, mas um modelo político que organiza as nossas vidas.

Além disso, Colling e Nogueira (2015) salientam ainda que, sob a ótica da cis-heteronormatividade, todos os indivíduos — independentemente da sua orientação sexual — podem ser considerados socialmente "coerentes" desde que mantenham a linearidade entre sexo e gênero. Ou seja, sujeitos com genitália masculina — ainda que sejam homens gays —, para serem aceitos na sociedade, devem agir como machos viris, não podendo se identificar com nada que remeta à esfera do que se rotula usualmente como feminino. Caso contrário, qualquer deslize, ato falho ou insinuação que possa dar indícios de um comportamento não másculo é categoricamente tachado como "coisa de viado".

Dessa maneira, ao projetar para os seus interlocutores no Palácio do Planalto um *ethos* masculino cis-heteronormativizado, o presidente brasileiro busca produzir um efeito patêmico derrisório de conotação homofóbica, evocando o tradicional significado depreciativo associado ao termo "viado". Não por acaso, no próprio Ministério da Saúde — cada vez mais militarizado —, funcionários relatam que se sentem constrangidos de usar as máscaras de proteção facial contra o coronavírus. Há o receio de serem ridicularizados ou perseguidos por irem de encontro aos valores machistas do presidente. "Quem está com o Governo não usa máscara", informou um servidor do Ministério da Saúde ao jornal *El País* (Jucá, 2020).

Em contrapartida, uma das principais estratégias empregadas pelos internautas e *digital influencers* LGBT para rebater a homofobia do comentário foi justamente a construção do *"ethos de viado"* positivo, como alguém consciente e preocupado com a sua própria saúde e com a saúde da coletividade. Além disso, esses *statements* também suscitaram um efeito patêmico paródico e provocador, satirizando a cristalizada imagem presidencial de homem "chucro e bronco" (Blasting News, 2020), a partir da *hashtag* #coisadeviado (Figura 1).

Figura 1 — Reação satírica de internautas e influencers diante do comentário homofóbico do presidente

Fonte: HuffPost Brasil (Disponível em: https://bit.ly/3kENapF. Acesso em: 10 ago. 2020).

"Mulher operada que se passa por homem": discurso de ódio transfóbico

Outro recente episódio de índole patentemente lgbtfóbica diz respeito à controvérsia gerada a partir da campanha publicitária da empresa de cosméticos Natura, em homenagem ao Dia dos Pais. O quiproquó teve início com a indignação dos habituais formadores de opinião e "polemizadores" da ala integrista da política e da religião no Brasil, diante da atitude inclusiva e pró-diversidade da marca. Isso porque a Natura anunciou, logo no final do mês de julho, que um dos participantes da campanha seria o ator e empresário transgênero Thammy Miranda, filho da cantora Gretchen e pai de Bento, de seis meses de idade.

No entanto, o objeto de tanta discussão nas redes sociais não foi propriamente uma campanha publicitária no sentido formal. Tratou-se, na verdade, de uma ação de marketing digital em que a Natura convidava vários pais — entre eles, os atores Rafael Zulu e Babu Santana, o *chef* Henrique Fogaça e o *influencer* Jones Silveira, da Família Quilombo — a compartilhar em suas redes sociais cenas singelas de seu cotidiano ao lado dos filhos nesse período de isolamento social. Segundo a Natura, a proposta dessa ação de marketing foi "enfatizar a paternidade ativa, mergulhando na desafiadora rotina que todos estão vivendo durante a quarentena, mostrando como esse intenso convívio pode fortalecer a relação entre pais e filhos" (Sacchitiello, 2020).

Ainda que não houvesse uma peça publicitária convencional estrelada por Thammy, só o fato de uma empresa do porte da Natura ter divulgado o nome de um homem transexual como participante de uma ação digital em homenagem ao Dia dos Pais já foi motivo para o "tribunal inquisidor da internet" entrar em polvorosa. Diante do reboliço, a Natura manteve o seu posicionamento inclusivo e a favor da diversidade:

> Para a Natura, ser pai é estar presente. É amar, cuidar e estar aberto a se envolver e a se emocionar com os filhos — e Thammy, assim como os demais influenciadores contratados, mostra diariamente, por meio de suas redes sociais, a presença e o cuidado no dia a dia com o filho. [A Natura] defende todas as maneiras de ser homem, livre de estereótipos e preconceitos, e acredita que essa masculinidade, quando encontra a paternidade, transforma relações (Sacchitiello, 2020).

Entre as várias reações transfóbicas diante dessa postura LGBT-*friendly* da Natura,[6] a retórica moralista religiosa foi sem dúvida uma das principais estratégias argumentativas utilizadas para rejeitar a publicidade e convocar um boicote contra a marca de cosméticos. Nesses casos, o enunciador invoca para si um *ethos* de baluarte da moral e dos valores cristãos na sociedade. É o que se observa, por exemplo, nas seguintes postagens (Figura 2):

Figura 2 — Manifestações de repúdio diante da ação publicitária da Natura no Dia dos Pais

 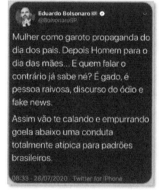 

Fonte: Malafaia (2020), Bolsonaro (2020) e Silva (2020).

O pastor neopentecostal Silas Malafaia é um costumaz e ruidoso antagonista das peças publicitárias que visibilizam membros da comunidade LGBT. Como já havia ocorrido em 2015 com um comercial do Dia dos Namorados da empresa de cosméticos O Boticário,[7] o televangelista novamente tentou mobilizar um boicote à Natura, por

---

6. Foge aos limites deste artigo a discussão sobre a real motivação de empresas e marcas para inclusão de personalidades LGBT em suas campanhas publicitárias, seja como posicionamento consciente em torno de uma pauta política, seja como mera estratégia de marketing para abocanhar o *pink money* desse promissor nicho de mercado. Para um aprofundamento a respeito dessa questão, ver Mozdzenski (2019).

7. Para um debate sobre a reação patêmica do público em face desse comercial do Dia dos Namorados d'O Boticário, ver Mozdzenski (2016).

ser "uma afronta aos valores cristãos". Alegando que a marca "coloca uma mulher para fazer papel de homem no Dia dos Pais", Malafaia performatiza mais uma vez sua bem calculada encenação patêmica colérica através da tradicional polemização retórica de *Nós* ("Somos a maioria!") X os *Outros* (a minoria sexogendérica).

Já numa toada retórica moralista e cis-heteronormativa, o deputado federal Eduardo Bolsonaro protesta contra o posicionamento inclusivo da Natura ao colocar uma "Mulher como garoto propaganda do dia dos pais". Com isso, nas palavras do filho do presidente da República, a marca está "te calando e empurrando goela abaixo uma conduta totalmente atípica para padrões brasileiros". Assumindo um *ethos* vitimista e buscando conquistar a solidarização patêmica dos internautas, o político estrategicamente se apresenta como perseguido e incompreendido, apenas por "falar o contrário" e por isso ser tachado como "gado" e "pessoa raivosa", e estar propalando "discurso de ódio e *fake news*".

O terceiro comentário foi postado pelo humorista Carlinhos Silva — o "Mendigo" do programa Pânico —, que teve sua conta do Instagram retirada do ar por ordem judicial, por ter descumprido medida protetiva da ex-mulher Aline Hauck, mãe de seu filho.[8] A postagem traz à tona a ignorância e a odiosidade transfóbica do artista, que afirma preferir "ser órfão, do que ser adotado por uma mulher operada que se passa de homem". Para Silva, "Não existe jamais amor real nisso". O humorista sustenta ainda que indivíduos trans possuem mais privilégios na hora de adotar uma criança em comparação a "héteros e pessoas normais".

---

8. Em janeiro de 2020, Carlinhos Silva afirmou em suas redes sociais que não havia conseguido passar seu aniversário ao lado do filho, que está sob guarda da ex-mulher. Diante da situação, Silva fez referência ao brutal assassinato cometido em 2010 pelo ex-goleiro do Flamengo, Bruno Souza, responsável por sequestrar e estrangular a namorada, Eliza Samudio, mãe de seu filho: "Cada dia que passa, mais eu entendo o goleiro Bruno. Tem gente que merece muito mais do que sequestrador, torturador, estuprador. Sequestrar e estuprar a mentalidade de uma criança pode, né?" (Candido, 2020).

Num misto da retórica religiosa de Malafaia e da retórica moralista cis-heteronormativa de Eduardo Bolsonaro, Carlinhos Silva posiciona seu *ethos* como bastião dos valores morais da nação ("Esse país me dá vergonha") e dos valores cristãos ("muitos fazem para afrontar o evangelho, mas não sabem de fato o que estão fazendo. Bom dia e fiquem com DEUS"). Ele chega, inclusive, a citar passagens bíblicas (Salmos, 27:10 e Lucas, 23:34) com o propósito de engendrar a encenação patêmica da ira divina contra o pecador LGBT, que, segundo Silva, prefere sentar "no colo do capeta" a "estar sozinho nos braços de DEUS".

Além de terem contribuído — a contragosto — para alavancar os valores das ações da Natura,[9] todos os três autores das postagens reproduzidas na Figura 2 acabaram tendo que encarar as repercussões jurídicas por seus atos. Diversas entidades de defesa dos direitos humanos de pessoas LGBT apresentaram em juízo uma queixa-crime contra Silas Malafaia, Eduardo Bolsonaro e Carlinhos Silva sob acusação de transfobia.[10] Mas foi com o artigo do colunista Carlos Ramalhete, intitulado *Lacração e loucura* (Ramalhete, 2020), publicado no final de julho no jornal paranaense *Gazeta do Povo*, que ficou efetivamente caracterizado o *discurso de ódio* lgbtfóbico contra Thammy Miranda e a comunidade sexodissidente como um todo.

É o que argumenta o jurista Paulo Iotti — um dos advogados responsáveis pelas sustentações orais em 2019 no julgamento do Supremo Tribunal Federal (STF) que aprovou a equiparação da homotransfobia a crime de racismo. De acordo com Iotti (2020), o texto de Ramalhete deve ser compreendido como um "grotesco discurso de

---

9. De acordo com o portal de notícias G1: "Os ataques dos internautas ao ator Thammy Miranda — escolhido como um dos nomes da Natura para a campanha do Dia dos Pais — não surtiram efeito no mercado financeiro. Pelo contrário. As ações da fabricante de cosmético acumulavam alta de mais de 12% na semana até a tarde desta quinta-feira (30)" (Naime, 2020).

10. Subscrevem essa representação as seguintes entidades: a Associação Nacional de Travestis e Transexuais (ANTRA), a Associação Brasileira de Lésbicas, Gays, Bissexuais, Travestis, Transexuais e Intersexos (ABGLT), a Associação Brasileira de Famílias HomoTransAfetivas (ABRAFH), o Grupo de Advogados pela Diversidade Sexual e de Gênero (GADvS), a ONG Mães pela Diversidade, entre outras.

ódio transfóbico do início ao fim, com breve mas igualmente grotesca manifestação de discurso de ódio homofóbico".

Em seu artigo, Ramalhete (2020) procura produzir um *ethos* de filósofo-cronista brincalhão — ele é licenciado em Filosofia pela Universidade Católica de Petrópolis —, com tiradas pretensamente espirituosas e referências a diversos pensadores, com o objetivo de evocar um efeito patêmico humorístico pseudointelectualizado e, assim, camuflar o tom odioso e homotransfóbico de seu discurso. É nesse sentido que o colunista afirma que a Natura escolheu "uma moçoila como 'pai do ano' ou besteira do gênero"; que Thammy, "às custas de cirurgias mutiladoras de todo tipo, [e de] venenos hormonais [...] conseguiu, espantosamente, transformar-se em sósia do Carlos Bolsonaro"; e que, portanto, Thammy é "doente — afinal, convenhamos, só uma moça com uma autoimagem doentia prefere tornar-se sósia do Carlos Bolsonaro a continuar só feiosinha como era" (Ramalhete, 2020).

O texto prossegue evidenciando o conspurcado ponto de vista do jornalista acerca da transexualidade e da homossexualidade:

Esta loucura pós-moderna da "transexualidade", em que as pessoas se disfarçam do sexo oposto através de truques extremamente assemelhados aos dos travestis d'outrora ou de Arsène Lupin, o Ladrão Fidalgo, e por imitarem mal e porcamente algumas das notas por que se reconhecem os sexos, passam a considerar-se magicamente transformados em indivíduos do sexo oposto, provavelmente será um dia estudada como o caso mais agudo de loucura coletiva dos "bem-pensantes" de toda a História. [...]

Quando começaram essas maluquices relacionadas a sexo [...], eu disse a quem quisesse ouvir que a exigência absurda de "tolerância" rapidamente levaria a demandar muito mais que apenas isto. [...]

E foi bem assim que a coisa se passou: da exigência de "tolerar" (absurda numa sociedade que já tolerava, como a nossa), passou-se a se ter que aplaudir. Um dos quatro crimes que bradam aos Céus por vingança na nossa tradição moral passou a ser legalmente equiparado a um sacramento. Hoje, torcer o nariz a duplas de rapazes se agarrando em público é até perigoso [...].

Dali então pulou-se para a maluquice *trans*, ora na ponta-de-lança da loucura progressiva e *progressista* paulatinamente empurrada garganta abaixo da sociedade desde há pouco mais de cinquenta anos. Em muitos lugares basta que a pessoa se diga pertencente ao sexo oposto para miraculosamente ver-se transformada em membro do outro sexo, com os governos sendo obrigados a dar-lhe documentos falsos, com as portas dos banheiros do sexo oposto escancaradas para que entre triunfalmente, e ai de quem lhe negar pertencimento ao sexo que cada célula do seu corpo prova não ser o seu (Ramalhete, 2020).

Diante dessas afirmações ostensivamente preconceituosas e discriminatórias, Paulo Iotti (2020) assevera:

O caso de Carlos Ramalhete, jornalista do Jornal *Gazeta do Povo,* é chocante em níveis inacreditáveis. Ataca e patologiza as identidades trans, contrariando a OMS [Organização Mundial de Saúde] e nosso CFM [Conselho Federal de Medicina], a partir de teorias conspiratórias e deturpações simplesmente grotescas. Da mesma forma, há um claro ataque difamatório, por generalização absurda, a casais homoafetivos no meio do artigo. É inacreditável haver quem faça tamanhas deturpações e difamações em pleno 2020. Tem tudo, portanto, para ser um caso emblemático (*"leading case"*) de crimes de transfobia e de homofobia no Brasil, nos termos da decisão do STF que reconheceu a homotransfobia como crime de racismo.

Na representação interposta por Iotti junto à Procuradoria-Geral de Justiça do Paraná, as entidades de defesa dos direitos da população LGBT solicitam ao chefe do Ministério Público Estadual paranaense que processe o jornalista Carlos Ramalhete, por crimes de transfobia e homofobia. Delitos esses reconhecidos pelo STF como crime de racismo, nos termos da Ação Direta de Inconstitucionalidade por Omissão (ADO) n. 26, de relatoria do ministro Celso de Mello, e do Mandado de Injunção (MI), n. 4.733, relatado pelo ministro Edson Fachin.

Conclusivamente, para encerrar a presente discussão, revela-se oportuno transcrever um breve (mas elucidativo) trecho da representação:

> Em longo e criminoso artigo de opinião, chamado "Lacração e Loucura" (*sic*), abaixo transcrito (item 4), o Sr. Carlos Ramalhete, ora Representado, proferiu verdadeiro discurso de ódio contra as populações transexual, travesti e de casais homoafetivos. Isso porque grotescamente patologizou as identidades transexual e travestis, acusando sua militância de querer destruir a família, destruir a família em geral e o papel paterno em particular, criando órfãos de pais vivos, afirmando que isso se daria por doentias e lacradoras mutilações corporais, que prejudicariam crianças e adolescentes, supostamente vítimas de hormonizações destruidoras de seus corpos reais (*sic*). Uma grotesca deturpação dos temas envolvidos, que inclusive vai contra a despatologização das identidades trans pela Organização Mundial de Saúde e nosso Conselho Federal de Medicina, ao passo que o respeito à identidade de gênero autopercebida das pessoas trans não gera nenhum prejuízo a pessoas e famílias cisgêneras, ao papel de pais (heterossexuais e cisgêneros) e da família heteroafetiva em geral, além de nunca se ter pretendido nenhuma cirurgia em crianças ou adolescentes nem sua hormonização, ao passo que o bloqueio hormonal admitido mundialmente é absolutamente reversível e, portanto, sem prejuízos nos hipotéticos (e, se existentes, raros) casos em que crianças que se identificam como trans "mudarem de opinião" no futuro, ao contrário da puberdade, que é irreversível se não bloqueada e traz prejuízos sérios a pessoas trans adultas que lutam pela afirmação de sua identidade de gênero trans.
> Da mesma forma, esse criminoso artigo de opinião proferiu também discurso de ódio contra a população de casais homoafetivos, acusando-a e sua militância de supostamente lutarem por um pseudo "direito" de praticarem atos atentatórios ao pudor público (*sic*). Algo que também é falso, pois tudo que sempre se pleiteou foi tolerância e igualdade relativamente às manifestações públicas de afeto admitidas ou toleradas entre casais heteroafetivos (Iotti, 2020).

Considerações finais

Desde o início da pandemia provocada pelo novo coronavírus, a Organização das Nações Unidas (ONU) vem reiteradamente requerendo que os governos cumpram o seu papel no que tange à proteção, ao apoio e ao respeito aos direitos humanos da população LGBT durante a resposta à covid-19. Isso se deve sobretudo ao fato de que muitos dos membros dessa comunidade se encontram em situação particularmente vulnerável nesse período de crise pandêmica (UNFPA, 2020). No Brasil, além da violência física e social a que são cotidianamente submetidos, os cidadãos LGBT ainda têm que enfrentar a violência simbólica advinda das retóricas homotransfóbicas e dos discursos de ódio que circulam socialmente nos dias de hoje, nas mais variadas esferas comunicativas.

Logo, tanto as "piadas" grotescas (como a do presidente da República a respeito das máscaras faciais protetivas) quanto as perniciosas falácias propagadas nas redes sociais por formadores de opinião intolerantes (como Silas Malafaia, Eduardo Bolsonaro, Carlinhos Silva e Carlos Ramalhete) devem sempre ser expostas e sujeitas ao escrutínio público. Como ficou claro ao longo deste artigo, um dos principais objetivos dos estudos retóricos na contemporaneidade deve ser justamente investigar as relações entre linguagem e poder, desmascarando as assimetrias de poder e de acesso discursivo presentes na sociedade.

Em outras palavras, mais do que simplesmente descrever figuras ou mecanismos retóricos empregados em um texto, os estudiosos interessados nessa área devem firmar um compromisso ético, científico e político com a pesquisa crítica e conscientizada. Devem, pois, voltar sua atenção para a investigação de problemas sociais concretos e atuais — como a lgbtfobia, o racismo, o machismo, o classismo, a xenofobia etc. —, manifestados nas trocas comunicativas e nas práticas sociodiscursivas diárias nos mais diversos campos da nossa vida: político, religioso, jurídico, midiático, digital e assim por diante.

REFERÊNCIAS

AMOSSY, R. O *ethos* da intersecção das disciplinas: retórica, pragmática, sociologia dos campos. *In:* AMOSSY, R. (org.). *Imagens de si no discurso:* a construção do *ethos*. São Paulo: Contexto, 2005. p. 119-144.

ARISTÓTELES. *Retórica.* São Paulo: Rideel, 2007.

BBC NEWS BRASIL. Gripezinha, cloroquina e 2 milhões de infectados: veja as falas de Bolsonaro em 143 dias de pandemia. *YouTube,* 16. jul. 2020. Disponível em: https://bit.ly/3kyGbyc. Acesso em: 10 ago. 2020.

BERGAMO, M. Máscara é "coisa de viado", dizia Bolsonaro na frente de visitas. *Folha de S.Paulo,* 7 jul. 2020. Disponível em: https://bit.ly/2CPB1MQ. Acesso em: 18 jul. 2020.

BLASTING NEWS. Zezé Di Camargo sai em defesa de Jair Bolsonaro: "chucro, bronco, mas é muito verdadeiro". *Blasting News Brasil,* 27 maio 2020. Disponível em: https://bit.ly/3kxJSnR. Acesso em: 10 ago. 2020.

BORRILLO, D. *Homofobia.* Barcelona: Bellaterra, 2001.

BRASIL. Ministério das Mulheres, da Igualdade Racial, da Juventude e dos Direitos Humanos. *Relatório final:* 3ª Conferência Nacional de Políticas Públicas de Direitos Humanos de Lésbicas, Gays, Bissexuais, Travestis e Transexuais. Brasília: Secretaria Especial de Direitos Humanos, 2016.

CANDIDO, M. Fala de Carlinhos Mendigo sobre goleiro Bruno pode gerar processo. *Universa,* 24 jan. 2020. Disponível em: https://bit.ly/3iJTrP5. Acesso em: 18 jul. 2020.

CAPRARO, V.; BARCELO, H. The effect of messaging and gender on intentions to wear a face covering to slow down covid-19 transmission. *PsyArXiv,* 11 maio 2020. Disponível em: https://bit.ly/3kn4zTx. Acesso em: 7 ago. 2020.

CHARAUDEAU, P. Pathos e discurso político. In: MACHADO, I. L.; MENEZES, W.; MENDES, E. (orgs.). *As emoções do discurso.* v. 1. Rio de Janeiro: Lucerna, 2007. p. 240-251.

COLLING, L.; NOGUEIRA, G. Relacionados mas diferentes: sobre os conceitos de homofobia, heterossexualidade compulsória e heteronormatividade. In: RODRIGUES, A.; DALLAPICULA, C.; FERREIRA, S. R. S. (orgs.). *Transposições:* lugares e fronteiras em sexualidade e educação. Vitória: EDUFES, 2015. p. 171-185.

IOTTI, P. Entidades LGBT+ pedem que MP processe Eduardo Bolsonaro, Malafaia e Carlos Ramalhete por crime de transfobia. *Põe na Roda,* 10 ago. 2020. Disponível em: https://bit.ly/2PINpRY. Acesso em: 12 ago. 2020.

JUCÁ, B. "Máscara ideológica" e outras contradições de um Ministério da Saúde militarizado. *El País,* 13 jul. 2020. Disponível em: https://bit.ly/2WtQeub. Acesso em: 10 ago. 2020.

LEACH, J. Análise retórica. In: BAUER, M. W.; GASKELL, G. (org.). *Pesquisa qualitativa com texto, imagem e som:* um manual prático. Petrópolis: Vozes, 2002. p. 293-318.

LIMA, J. D. Por que homens tendem a resistir mais ao uso de máscara. *Nexo,* 24 jun. 2020. Disponível em: https://bit.ly/2ZEHGmc. Acesso em: 7 ago. 2020.

LOPES, D. O entre-lugar das homoafetividades. *Ipotesi,* v. 5, n. 1, p. 37-48, 2011.

MAINGUENEAU, D. A propósito do ethos. *In:* MOTTA, A. R.; SALGADO, L. (orgs.). *Ethos discursivo.* São Paulo: Contexto, 2008. p. 11-29.

MISKOLCI, R. *Teoria queer:* um aprendizado pelas diferenças. Belo Horizonte: Autêntica, 2012.

MOZDZENSKI, L. "O Boticário vende perfumes, não água benta": a reação patêmica do público diante de uma publicidade polêmica. *In:* PROPESQ PP: Encontro Nacional de Pesquisadores em Publicidade e Propaganda, 7., 2016, Rio de Janeiro. *Anais...* Rio de Janeiro: PUC-Rio/ABP2, 2016.

MOZDZENSKI, L. *O* ethos *e o* pathos *em videoclipes femininos:* construindo identidades, encenando emoções. 2012. 356f. Tese (Doutorado em Linguística) — Centro de Artes e Comunicação, Universidade Federal de Pernambuco, Recife, 2012.

MOZDZENSKI, L. *Outvertising* — a publicidade fora do armário: retóricas do consumo LGBT e retóricas da publicidade lacração na contemporaneidade. 2019. 308f. Tese (Doutorado em Comunicação) — Centro de Artes e Comunicação, Universidade Federal de Pernambuco, Recife, 2019.

NAIME, L. Ataques de internautas a Thammy Miranda são ignorados pelo mercado, e ações da Natura sobem na semana. *G1,* 30 jul. 2020. Disponível em: https://glo.bo/3kAJuFd. Acesso em: 12 ago. 2020.

DIREITOS HUMANOS EM TEMPOS DE PANDEMIA DE CORONAVÍRUS

ORGANIZAÇÃO MUNDIAL DA SAÚDE (OMS); ORGANIZAÇÃO PAN-AME-RICANA DA SAÚDE (OPAS). Orientação sobre o uso de máscaras no contexto da covid-19. *Iris* — Repositório Institucional para Troca de Informações, 5 jul. 2020. Disponível em: https://bit.ly/3fURtdH. Acesso em: 12 ago. 2020.

PERELMAN, C. *Retóricas*. São Paulo: Martins Fontes, 1997.

RAMALHETE, C. Lacração e loucura. *Gazeta do Povo,* 30 jul. 2020. Disponível em: https://outline.com/3RuJVV. Acesso em: 12 ago. 2020.

RICH, A. Compulsory heterosexuality and lesbian existence. *Signs,* v. 5, n. 4, p. 631-660, 1980.

SACCHITIELLO, B. Natura defende Thammy e "todas as maneiras de ser homem". *Meio & Mensagem,* 28 jul. 2020. Disponível em: https://bit.ly/2PJb0SK. Acesso em: 11 ago. 2020.

TESTONI, M. Sapatão, bicha, viado: os possíveis motivos para chamarem LGBTs assim. *Universa,* 24 abr. 2019. Disponível em: https://bit.ly/3fzXRpr. Acesso em: 8 ago. 2020.

UNFPA BRASIL. Webinário #12 | Pessoas LGBTQI+ no Brasil, vulnerabilidades e impactos da covid-19. *YouTube,* 15 jul. 2020. Disponível em: https://bit.ly/33L-92JK. Acesso em: 8 ago. 2020.

#VOTELGBT. LGBT+ na pandemia: desafios da comunidade LGBT+ no contexto de isolamento social em enfrentamento à pandemia do Coronavírus. *Box1824,* 28 jun. 2020. Disponível em: https://bit.ly/3kzaQvd. Acesso em: 8 ago. 2020.

Sobre os(as) autores(as)

Organizadoras e autoras

MARIA BETÂNIA DO NASCIMENTO SANTIAGO — Graduada em Filosofia. Mestre e Doutora em Educação pela Universidade Federal de Pernambuco — UFPE (2008), com pesquisa sobre o pensamento do filósofo Martin Buber. Professora da UFPE (2009). Atua nas áreas de Filosofia e Educação em Curso de Pedagogia e no Programa de Pós-graduação em Direitos Humanos da UFPE, dedicando-se à problemática do Diálogo a partir da leitura de diferentes pensadores.
E-mail: maria.nsantiago@ufpe.br

ANA MARIA DE BARROS — Doutora em Ciências Políticas pela Universidade Federal de Pernambuco (2007). Mestre em Educação Popular pela Universidade Federal da Paraíba (1998). Graduada em História pela Faculdade de Filosofia, Ciências e Letras de Caruaru (1986). Graduada em Direito. Professora Associada da UFPE. Atua como docente no Mestrado em Direitos Humanos da UFPE (PPGDH-CAC-UFPE) e no Centro Acadêmico do Agreste da UFPE. Tem experiência nas áreas de Educação e Clientelismo; Educação Penitenciária e Ressocialização de Detentos; Criminalidade Feminina, Direitos Humanos, Sistema Penitenciário; Educação, Cidadania e Educação Escolar Indígena. Atua na formação de Professores em Educação e Direitos Humanos, com foco na Educação de pessoas privadas de liberdade. É coordenadora do Laboratório de Filosofia, Política e Direitos Humanos. Militante dos Direitos Humanos e dos Direitos dos Animais.
E-mail: anamaria.ufpe@yahoo.com.br

Autoras e autores

ALEX BRUNO FEITOZA MAGALHÃES — Mestrando em Direitos Humanos pela Universidade Federal de Pernambuco (PPGDH/UFPE). Pós-graduando em Filosofia e Teoria do Direito pela Pontifícia Universidade Católica de Minas Gerais (PUC-Minas). Graduado em Direito pelo Centro Universitário Unifavip. Pesquisador dos Grupos de Pesquisas: Pós-colonialidade e Integração Latino-Americana (FDR-UFPE/CNPq); G-pense! — Grupo de Pesquisa sobre Contemporaneidade, Subjetividades e Novas Epistemologias (UPE/CNPq); O Imaginário — Grupo de Estudos e Pesquisas Transdisciplinares sobre Estética, Educação e Cultura (CAA-UFPE/CNPq). Bolsista CAPES.
E-mail: amagalhaesb@outlook.com

ÂNGELA MARIA MONTEIRO DA MOTTA PIRES — Graduada em Ciências Sociais pela Universidade Católica de Pernambuco. Mestre e Doutor em Educação pela Universidade Federal de Pernambuco. Professora do Programa de Pós-graduação em Direitos Humanos da UFPE. Pesquisadora do Núcleo de Estudos e Pesquisas em Direitos Humanos, Diversidade e Cidadania (NEPEDH) — CE/UFPE. Integrante do Grupo de Pesquisa do CNPq Educação, Inclusão Social e Direitos Humanos. Pesquisadora integrande do GT 5 — Estado e Política Educacional, da Associação Nacional de Pós-graduação e Pesquisa em Educação (Anped).
E-mail: ammmp@globo.com

ARISTEU PORTELA JÚNIOR — Mestre e Doutor em Sociologia pela Universidade Federal de Pernambuco (UFPE). Professor Adjunto no Departamento de Educação da Universidade Federal Rural de Pernambuco (UFRPE). Pesquisador Associado do Instituto de Estudos da África (IEAF) da UFPE. Membro do Núcleo de Estudos Afro-brasileiros (NEAB) da UFRPE. Professor colaborador do Programa de Pós-graduação em Direitos Humanos (PPGDH) da UFPE. Atua no estudo das relações raciais no Brasil, em particular no campo da Educação, das Políticas de Ação Afirmativa e dos Direitos Humanos, e na reflexão sobre o pensamento social brasileiro.
E-mail: aristeu.portela@gmail.com

DIREITOS HUMANOS EM TEMPOS DE PANDEMIA DE CORONAVÍRUS

ARTUR STAMFORD DA SILVA — Professor Titular da Universidade Federal de Pernambuco, Faculdade de Direito do Recife, Centro de Ciências Jurídicas. Graduado em Direito pela UNICAP (1994). Mestre em Direito Público pela UFPE (1997). Doutor em Teoria, Filosofia e Sociologia do Direito pela UFPE (2002). Pós-doutor em Teoria dos Sistemas Sociais, pela Universidad Adolfo Ibàñez-Chile (supervisor Aldo Mascareño) (1997). Diplomado em Estudios Avanzados de Tercer Ciclo do Doutorado de Derechos Humanos y Desarrollo pela Universidad Pablo de Olavid-Sevilla-Espanha (2000). Pesquisador na área de Sociologia do Direito, com ênfase em decisão jurídica sob a transversalidade do direito, linguagem e teoria dos sistemas sociais. Leciona na Faculdade de Direito do Recife e nos Programas de Pós-graduação da UFPE: Direito (PPGD) e em Direitos Humanos (PPGDH). Professor Titular de Sociologia do Direito pela UFPE. Pesquisador 1D pelo CPNq.
E-mail: artur.silva@ufpe.br

BRUNA VIRGINIA ANDRADE DE ALMEIDA ARRUDA — Mestranda em Direitos Humanos pela Universidade Federal de Pernambuco (PPGDH/UFPE). Pós-graduada em Gestão Pública pela Escola Superior da Magistratura de Pernambuco (ESMAPE). Graduada em Direito pela Universidade Federal de Pernambuco (UFPE). Atua como servidora do Tribunal de Justiça de Pernambuco (TJPE). Colaboradora no Grupo de Pesquisa Justiça de Transição (UnB). Sua pesquisa envolve as áreas de Justiça de Transição, Democracia e Direitos Humanos.
E-mail: bruna_aalmeida@yahoo.com.br

DÉBORAH D'ASSUMPÇÃO TORRES MARCHESIN — Mestranda em Direitos Humanos pela Universidade Federal de Pernambuco (PPGDH/UFPE) na linha de pesquisa: Direitos Humanos, Processos Identitários, Alteridade e Movimentos Sociais. Graduada em Direito pela Universidade Católica de Pernambuco (UNICAP). Pesquisadora do Grupo de Pesquisa Processos de Subjetivação, Educação, Gênero e Sexualidade (UFPE/CNPq). Membro da Comissão de Direitos Humanos D. Hélder Câmara da Universidade Federal de Pernambuco (CDHDHC/UFPE). Possui formação em Constelação Sistêmica Familiar (2015) e Círculos Restaurativos (2015) e experiência de 12 anos na área de métodos consensuais de solução de conflitos, processos circulares e terapêuticos, com foco nos cuidados com as mulheres e famílias em sua diversidade. Com pesquisa nos seguintes temas: Direitos Humanos, Constelação Familiar, Feminismo(s),

Violência contra as Mulheres e Justiça Restaurativa. Atualmente na monitoria da formação em Constelação Sistêmica do Instituto Constelar — Pernambuco. Participante do Coletivo Feminista PartidA.

E-mail: debytm@gmail.com

ELIZABETE CRISTINA RABELO DE ARAÚJO — Mestranda do Programa de Pós-Graduação em Direitos Humanos da UFPE (PPGDH). Graduada em Direito. Especialista em Direito Ambiental. Servidora Pública da Prefeitura de Caruaru — Secretaria de Desenvolvimento Social e Direitos Humanos.

E-mail: elicrisrabelo@gmail.com

ELTON BRUNO SOARES DE SIQUEIRA — Doutor em Letras pela Universidade Federal de Pernambuco (UFPE), onde desenvolveu pesquisa sobre o teatro brasileiro moderno e contemporâneo, a partir dos estudos de gênero e sexualidade. Atualmente é professor Associado I do curso de Teatro/Licenciatura, no Departamento de Artes, e professor colaborador do Programa de Pós-Graduação em Direitos Humanos (PPGDH), ambos da UFPE. Líder do grupo de pesquisa Arte, Educação, Diversidade Cultural, cadastrado no CNPq, onde investiga a dramaturgia brasileira escrita por negras e negros, de 1944 a 2020. Membro fundador da revista eletrônica *Quarta Parede* (ISSN: 2594-8547). No PPGDH/UFPE, desenvolve pesquisa sobre direitos culturais, pelos vieses identitários.

E-mail: elton.ssiqueira@ufpe.br

GABRIEL CARLOS DA SILVA CARNEIRO MARANHÃO — Mestre em Direitos Humanos pela UFPE. Advogado e Assessor de Comunicação da Associação Nacional dos Auditores de Controle Externo dos Tribunais de Contas do Brasil.

E-mail: gabrielcarlos_@hotmail.com

JAYME BENVENUTO LIMA JÚNIOR — Professor Doutor dos Programas de Pós-graduação *stricto sensu* em Direito e em Direitos Humanos da Universidade Federal de Pernambuco (UFPE). Ministra a disciplina Direito Internacional Público na UFPE. Mestre em Direito pela Universidade Federal de Pernambuco. Doutor em Direito pela Universidade de São Paulo (USP). Realizou espaço pós-doutoral em Direito Internacional dos Direitos Humanos na Universidade de Notre Dame (EUA). Bolsista CNPq em pesquisa 2.

E-mail: benvenutolima@uol.com.br

KARINA B. DE OLIVEIRA DUARTE — Advogada. Professora de Direito do Grupo Ser Educacional. Mestranda em Direitos Humanos pela UFPE. Especialista em Processo Civil pela UFPE. Membro da Comissão de Direitos Humanos da OAB/PE.

E-mail: karinaduarteadv@hotmail.com

KELLY MENDES DE ALCÂNTARA — Mestre em Direitos Humanos pela UFPE. Membro da Comissão de Direitos Humanos da Ordem dos Advogados do Brasil — Subseção de Jaboatão dos Guararapes. Advogada.

E-mail: kellymendes.alcantara@gmail.com

LAURA TEREZA NOGUEIRA MARIANO — Mestranda em Direitos Humanos pelo Programa de Pós-Graduação em Direitos Humanos da Universidade Federal de Pernambuco (UFPE). Graduada em Direito pela Universidade Católica de Pernambuco (2006). Membro do Grupo de Pesquisa "Processos de Subjetivação, Educação, Gênero e Sexualidades (CNPq).

E-mail: laurinhamariano@gmail.com

LEO MOZDZENSKI — Doutor em Comunicação pela Universidade Federal de Pernambuco (PPGCOM/UFPE). Doutor em Letras/Linguística pela mesma instituição (PPGL/UFPE). Atualmente, é pós-doutorando no Programa de Pós-graduação em Direitos Humanos na UFPE (PPGDH/UFPE). É autor das obras *Multimodalidade e gênero textual* (Ed. UFPE) e *Outvertising*: a publicidade fora do armário (Ed. Appris). Organizador da coletânea *Direitos humanos, políticas públicas e mudança social: diálogos e tensionamentos* (Ed. Pimenta Cultural). Pesquisador integrante dos grupos de pesquisa do CNPq Núcleo de Estudos em Compreensão e Produção (Inter) Linguísticas (Nucepi/PPGL--PPGDH/UFPE) e Publicidade Híbrida e Narrativas de Consumo (PHiNC/PPGCOM/UFPE), desenvolvendo trabalhos nas seguintes áreas: Estudos Críticos do Discurso nos campos da mídia, do espaço digital, da publicidade e das linguagens jurídica e empresarial; Análise Multissemiótica do Discurso; Retórica; Direitos Humanos e Cidadania; e Estudos LGBT.

E-mail: leo_moz@yahoo.com.br

LUCAS ALENCAR PINTO — Mestre em Direitos Humanos pelo Programa de Pós-Graduação em Direitos Humanos da Universidade Federal de

Pernambuco (UFPE). Graduado em Direitos pela Universidade Regional do Cariri (2015). Advogado inscrito nos quadros da Ordem dos Advogados do Brasil (OAB).

E-mail: lucaspintoalencar@gmail.com

MARCELA MARIZ — Assistente Social. Coordenadora do Núcleo de Justiça Restaurativa da FUNASE. Mestranda do Programa de Pós-graduação em Direitos Humanos — PPGDH/UFPE, linha de pesquisa 2: Direitos Humanos, Cultura de paz e Justiça Restaurativa.

E-mail: marizmarcela@outlook.com

MÁRCIO ROBERTO CAVALCANTI DA SILVA — Bacharel em Direito. Mestrando em Direitos Humanos pela UFPE. Pesquisador do Grupo de Pesquisa VIRTUS: Defesa Social, Segurança Pública e Direitos Humanos/UFPE.

E-mail: marcioderecife@yahoo.com.br

MARIA JOSÉ DE MATOS LUNA — Graduada em Letras pela Universidade Federal de Pernambuco (1982). Mestra em Letras pela UFPE (1996). Doutora, em regime de cotutela, pela Faculdade de Letras da Universidade do Porto. Professora doutora do Programa de Pós-graduação em Direitos Humanos da Universidade Federal de Pernambuco. Atualmente, é Presidente da Comissão de Direitos Humanos D. Helder Câmara da Universidade Federal de Pernambuco, coordenadora do Curso de Língua Portuguesa do Departamento de Letras da UFPE, membro da Comissão de Ética da UFPE através do Espaço de Diálogo e Reparação. É membro do Colegiado do Programa de Pós-graduação em Direitos Humanos da UFPE.

E-mail: mjmatosluna@gmail.com

MARIA VIRGÍNIA LEAL — Professora Titular do Setor de Linguística do Departamento de Letras da Universidade Federal de Pernambuco (UFPE). Doutora em Semiótica e Linguística pela Universidade de São Paulo (USP)/ Université Paris X, atuando no Programa de Pós-Graduação em Letras (PPGL) e no Programa de Pós-Graduação em Direitos Humanos (PPGDH), ambos na UFPE.

E-mail: mariavirginialeal@gmail.com

PATRÍCIA DO AMARAL GONÇALVES OLIVEIRA — Servidora efetiva do TJPE onde atua como Mediadora e Conciliadora Judicial na área de Direito Civil e Família. Parteira aprendiz na tradição formada pela ESCTA/Cais do Parto. Integra a Rede Nacional de Parteiras Tradicionais do Brasil. Graduada em Direito pela UFPE. Especialista em Psicodrama e Sociodrama pela ESUDA. Mestranda em Direitos Humanos pela UFPE/PPGDH.
E-mail: doamaralpatricia@gmail.com

PRISCILLA VIÉGAS BARRETO DE OLIVEIRA — Mestre em Direitos Humanos pela UFPE. Vice-presidenta da Associação Brasileira de Terapeutas Ocupacionais-ABRATO (gestão 2019-2023). Conselheira Nacional de Saúde. Terapeuta ocupacional.
E-mail: pris.vbo@gmail.com

RAISSY KELLY DA SILVA MORAIS — Produtora cultural. Mestra em Direitos Humanos pelo Programa de Pós-Graduação em Direitos Humanos da Universidade Federal de Pernambuco.
E-mail: raissykelly@gmail.com

SORAYA BARRETO JANUÁRIO — Pós-doutora na McGill University, Institute of Gender, Sexuality and Feminisms (IGSF), Montreal, Canadá. Doutora em Comunicação pela Universidade Nova de Lisboa, Portugal. Publicitária. Professora do Departamento de Comunicação da UFPE. Pesquisadora em temáticas ligadas aos Estudos de Gênero e Mídia. Professora permanente do Programa de Pós-graduação em Direitos Humanos da UFPE — PPGDH/UFPE. Coordenadora do GT Comunicação e Gênero da Redor (Rede Feminista Norte e Nordeste de Estudos e Pesquisa sobre a Mulher e Relações Gênero). Coordenadora do OBMÍDIA UFPE. Feminista e militante dos Direitos Humanos e das mulheres.
E-mail: soraya.barreto@ufpe.br

VENCESLAU TAVARES COSTA FILHO — Doutor em Direito pela UFPE. Professor Adjunto da Universidade de Pernambuco-UPE. Professor permanente do Mestrado em Direitos Humanos da UFPE. Membro da Academia Iberoamericana de Derecho de Familia y de las Personas e da Comissão de Direito de Família e das Sucessões do Conselho Federal da OAB. Advogado.
E-mail: venceslautavares@yahoo.com.br